山梨学院大学行政研究センター
山梨学院大学大学院社会科学研究科　公開シンポジウム（2001年度）

# 町村議会の活性化

## —住民との関係を中心として—

【開会のあいさつ】　椎名慎太郎（山梨学院大学法学部教授）…3
【シンポジウム】
町村議会の基本的なあり方を考える　新川　達郎（同志社大学大学院総合政策科学研究科教授）…7
全国レベルから町村議会を考える　岡本　光雄（全国町村議会議長会議事調査部副部長）…29
山梨県における町村議会　河西榮三郎（山梨県町村議会議長会会長）…53
新人議員から見た町村議会　相澤　正子（山梨県八代町議会議員）……71
町村議会の活性化への努力　服部　光雄（山梨県上野原町議会議員）…84
住民から見た町村議会　三森　静江（かつぬまヒューマンプラン策定委員会委員長）…104
コーディネーター　濱田　一成（山梨学院大学法学部教授）
【会場との質疑応答】……116
【最後に一言】……124
【閉会のあいさつ】　江口清三郎（山梨学院大学法学部教授）…131

地方自治ジャーナル
ブックレットNo.30

# はしがき

本格的な地方分権が進められようとしているこの時期に、町村住民を代表する立場にある町村議会は、その役割を十分に果たすことが求められています。さらに、地方分権の一環として、条例制定権をはじめとして町村議会の権限が拡大し、それに伴って町村議会への期待はますます大きくなっています。しかし、これまでのところ、議会と住民の意向のずれがいわれ、議会は種々の批判を受けてきたのが現状です。一方で住民の価値観の多様化、社会経済情勢の変化、男女共同参画社会の実現への志向、行政の複雑高度化等により、町村議会が住民を代表しにくくなっていることも事実です。

こういった状況もとで、平成一四年二月二八日に山梨学院大学行政研究センターおよび同大学大学院社会科学研究科との共催で、「町村議会の活性化―住民との関係を中心として―」をテーマに公開シンポジウムを開催いたしました。幸い、議会関係者のみならず、女性団体や、一般住民多数の方々の参加を得て活発な議論が展開されました。この冊子は、この公開シンポジウムをまとめたものです。これからの町村議会の活性化を考える資料として活用いただければ幸いです。

二〇〇二年三月

山梨学院大学行政研究センター所長　濱田　一成
山梨学院大学大学院社会科学研究科長　神田　修

# 開会のあいさつ

椎名慎太郎（山梨学院大学法学部教授）

皆さんこんにちは椎名です。今日はパネラーの皆さん本当にありがとうございます。それからこれだけ席を埋めて下さいました皆様、本当にご参会ありがとうございます。

この「行政研究センター」は一九九〇年に発足をしまして、今日は一二回目のシンポジウムであるかと思います。お手許に差し上げておりますパンフレットのように、地域の行政を巡る問題についてさまざまな角度から研究を行い、そしてその一貫としてこうした公開のシンポジウムを開催して参りました。

大変ささやかな歩みですがこうした面の問題の解明に、あるいは問題提起に役に立ってきたのではないかというふうに考えております。

さて、私が所属しております大学院社会科学研究科は昨年四月に名前を変えまして、その前は公共政策研究科と言っておりましたが、やや幅を広げる可能性を持つために社会科学研究科というふうに名のっております。

ただし専攻は今のところ公共政策専攻一つです。これは夜間にこのキャンパスで授業をやっている、主として社会人の方に勉強の機会を提供する、これを目的とした大学院です。

実は、今日パネラーとして座っていらっしゃいます岡本光雄さんはその大学院の第一期生です。東京からお通い頂いて、もちろん大変優れた修士論文を出して、私たち岡本さんには教えることがなくてむしろいろいろ教わっていた、そんな立場でした。

県内の方では、一期生に小淵沢町の鈴木隆一町長がいらっしゃいますし、その後埼玉県の和光市の議員さんの方もずいぶん遠くからですが、通われて卒業されました。現在も実は県内の町議会の議員さんが在籍しております。

もしこの中にここで心機一転もう一回勉強してみようという方がありましたら、是非ともこの大学院を目指して頂きたい。あまり大きな負担はないというように、最初は甘いような言葉を言っておきますが、修士論文を書く時はなかなか大変なんですが、時間的に申しますと、それこそ埼玉県の和光市から通って何とかなったというレベルのことですので、県内にお住みの方であれば十分通学は可能です。単位を取るのもそれ程難しいことはありません。

一番大変なのは修士論文を書くというところですが、私ども公共政策専攻と申しておりますように、地域の公共政策に関するさまざまな科目を中心にカリキュラムを組んでおります。一つ今日はあまり詳しい資料は差し上げておりませんが、先般大学院の入試（二月二三日）が終わったばかりですが、是非もしなにか関心をお持ちの方はここの二階に入試センターがあります。そこでパンフレットでももらっていただければと思います。

今日テーマになっております「町村議会の活性化」という問題は私も行政という専門を持っておりますが、非常に重要なテーマを掲げられたのではないかというふうに考えております。まさに今地方自治体はかなり危機的な状況にあるというふうに考えなければならないと思います。地方分権改革という何かバラ色の未来みたいな気が一方ではするんですが、実は私たちを取り巻いている環境というのは非常に厳しいものがあります。

そこでこの議会というものがどういう役割を果たしていくのか、昨今はどうも国会議員を巡るあまり明るくない面ばかりが目立っておりますが、地域において地方議員さんたちの果たして頂く役割は今後非常に大きなものがあるというふうに思います。

パネリストの皆様のお話、皆さんのご討議、活発に行われることを期待しまして私の開会に当たってのご挨拶とさせて頂きます。

【濱田】（コーディネーター）　本日は、町村議会に対する期待は非常に大きいものがあるわけですが、一方で機能を十分果たしていないのではないかという批判もあるわけで、そういった中で、議会と住民の望ましい関係をどのように作っていくかということをめぐって論議を進めて参ります。

今日はせっかく大勢の方がお見えですので、ご参加の皆様方からのご質問やご提言を頂いて、パネリストの方にお答えを頂くつもりでおります。

それでは最初に、議会の活性化について全国の調査も踏まえた研究活動をされている新川さんから基調講演的な意味も含めてお話を伺いたいと思います。

# 町村議会の基本的なあり方を考える

## ―住民と議会の関係をめぐって―

新川　達郎

［略歴］同志社大学大学院総合政策科学研究科・法学部教授。
専門は、行政学、公共政策論、地方自治論。
著書『行政と執行の理論』（共編著）、『地域空洞化時代の行政とボランティア』、『中央省庁改革』（共著）等。『ガバナンス』誌に「地方議会パワーアップ講座」を連載中（二〇〇一年五月から）。

### はじめに

本日は、こうした町村議会の在り方を考える場にお招きを頂きましてありがとうございます。

私が今日お話をしたいことはだいたい三つあります。

一つは、今地方分権改革が現実に具体的な姿を見せ始めています。「第二の分権改革」ということも議論にはなっているようですが、それはさておき、こういう分権改革がそれぞれの町村の運営あるいは町村議会にどういうふうにかかわってくるのかということについてお話をしたいと思います。

二つ目は、そういう変化をする町村の中で、現実に議会と住民の方々との関係がどういう姿をとっているのか。私自身、こういう時代の変化にも関わらず、地方議会議員や住民の感覚、あるいは行動様式というのがこの数十年ほとんど変わってないのではないかというふうに実は考えているところもあります。町村議会に関するデータも多少そういうことを念頭に置いて整えて参りました。

三つ目は、そうはいいながらも、では漫然と何もしないで座してていいのかという課題があります。分権改革が持っております、ある意味では非常に厳しい側面がそれぞれの地域社会の中に今姿を現しつつあります。悪く言ってしまえば、「小規模町村は潰してしまえ」、「潰れてしまうぞ」というような議論です。

そういう状況の中に議会も同じく置かれているのでありまして、明らかに「地方議会不要論」、とりわけ「町村議会不要論」があまり反省もなく口にされてしまう。そういう時代に入ろうとしています。

そういう状況の中で、ひるがえって、議会それ自体がこういう社会的な風潮の中でどういうふうに今後の身の処し方を考えていったらいいのか、あるいは住民の方々との関わりをどういうふうに組み立て直していったらいいのかということについて少しお話をしたいのです。

地方分権の話、あるいは地方議会の在り方云々ということについてはおそらく次にお話を予定されている岡本さんから詳しくお話があると思いますから、サラッと済ましたいと思います。

# 1　地方分権時代における町村議会の課題

## （1）地方分権改革と町村議会

今回の地方分権改革は入り口のところだけいえば大変口当たりのいいものでした。例えば分権推進委員会が掲げました地方自治のさまざまな原則、「新しい分権型社会の創造に向けて」という標語等、本当に素晴らしいものばかりでありました。「自己決定と自己責任」という言葉もありました。言葉の本来の意味からすると大変厳しいものですが、それがありがたく聞こえてしまうような響きもありました。

よく出てくる「上下主従の国と地方の関係から対等協力の関係へ」という標語もありました。都道府県と市町村の関係も上下主従から対等協力へということでした。

「全国画一・一律の地域から多様で個性的で活力のある地域社会へ」という標語もありました。いずれも本当にそれが私達がイメージしている通りに実現すればいいわけですが、なかなかそうはいかない。

現実に行われた分権改革の中で、実は地方議会との関わりというのはある意味では大変厳しいものだったというふうに考えていいと思います。

今回の分権改革の中で、確かに、地方議会については「議会の活性化」ということでいろいろのことが言われたようにも思います。また、一連の改革の中で「地方議会の重要性が大きくなりました」ということもよく言われました。ですが実際にこの改革の中身をご覧頂いたらお分かりの通り、地方議会が大きく変わるところというのは今回の改革の中には一切ありません。議会改革はないに等しいというふうにいつも申し上げております。

ある意味では分権改革の中でおそらく執行機関が非常に大きな権限を持つということが一方にある中で、バランス関係にある議会がそれに応じた権限を持たなければ、これはどうにもこれまでの地方制度そのものの根幹を揺るがしかねない話になるだろうということを所々で申し上げてきたわけですが、残念ながら議会についてはそういうような位置付けと制度改革はなかったということです。

この問題に関して、実は地方議会活性化というのがいろいろ言われておりまして、確かに地方自治法のレベルでもご承知の通り、「議案の提案」であるとか、「修正動議の要件」の改革であるとかがありました。あるいは運用面でいえば「議決事件の追加」の奨めなどもありました。「議員定数の削減」というのは、これはちょっと怪しいので、あとの議論にしたいと思いますが、その他常任委員会数の制限も確かに改革をされましたし、政務調査費も法定されるようになりました。部分的にではありますが前進がないわけではありませんでした。

ですが、それにいたしましても自治事務領域が大きく広がったことは、執行機関にとってその権限拡大にはなったのです。それに対して勿論条例制定権限を初めとする議会の議決権はこれに対応して大きくなるわけですが、もう一方ではその議会本体の強化ということがどういうふうにされてきたかということを考えてみますと、あまり改革がない。いわゆる必置規制の改革も含めて執行機関に多くのウエイトがかかったにもかかわらず、議会側についてはどうも非常に手薄だったという印象を持っております。

その意味では地方議会の活性化は結局のところ議会の側で自助努力をしなさい、これが今回の分権改革の大きな狙いというか主旨だったんだろうと考えています。逆にそうであればこそ今この議会そのものがもう一度地域社会の中で自治を支える担い手としてどういうふうに自らの役割や位置付け、スタンスというのを考えていくのか、これがポイントになるだろうというふうに思ってます。

その点でやはり考えておかなくてはなりませんのは、今日のテーマにもありますように、「一体誰のための議会なのか、何を代表する議会なのか」という基本的な視点だろうというふうに思っております。

## (2) 町村議会が直面する諸問題

町村議会というのは従来からとりわけ小規模町村では住民や行政と議会が非常に近い関係で密接な関わりを持ってきたということがありました。しかしもう一方ではそういった小規模の議会が短い会期の中で非常に限られた活動を強いられてきている。その意味では活動条件が極めて制約をされていますし、議員さん方の報酬を見てみましても、当然のことですが非常に低い。例えばこれが中規模以上の都市、人口十万人以上の都市になりますと、だいたい議員報酬というのがそれぞれの議員さんの総収入の五〇％以上を占めているというのが当たり前になりますが、町村では今日お出での方にご自分のお財布勘定をしていただけるといいんですが、大体三〇％程度の方が多いということです。それ以下の方もいらっしゃいますが。ともかくそういう状況です。加えてそういった議会活動を支える組織態勢、議会事務局員もほとんど兼務で一人何役もやっておられるような職員の方が就いておられる、そういうような状況です。

しかも最近はこの議員職に関して、報酬や地域での位置付けが、どう考えてもなかなか割に合わないというので、議員のなり手がないなどというようなところも増えてきています。山梨県の事例ではありませんが、私自身が多少知っているところで議員定数をある町で減らすことにしました。どうしたんですかと聞いたら、実は立候補者がいないんですよと言うような笑えない話もありました。そういう意味では議員のなり手の問題というのも町村議会にとって今非常に大きな論点になってきております。

結局のところ何が問題なのかというのははっきりしておりまして、都道府県やあるいは大都市の議会と同じ仕組みを町村の議会にそのまま持ち込んでいるという今の制度に問題があるんですが、その点については少し本題から外れますのでまた後程にしたいと思います。

## （3）町村議会の議員像

ただ町村というのはその議員さんの姿というのをいろいろ拝見をしておりまして、やはり非常に重要な特徴を幾つか持っているということを常に感じさせられています。

例えば都市や県の議員さんに比べて町村の議員さんというのは実は地元生まれの方が圧倒的に多いんですね。地元に何十年も暮らしてこられた方というのがこれもやはり圧倒的に多いです。その関係もあるのかもしれませんが、都市の議員さんに比べると高齢の議員さんが多いです。ただし都道府県ほどではないということはあります。

それからもう一点だけ挙げておきますと、町村の議員さんというのは地元の地域の住民の方々のお薦めで立候補される、そういうような方が結構多いという特徴もあります。その意味では実は町村の議員さんというのは他のレベルの議員さんと比べても地域社会の中で暮らしている、それから住民の方々との関わりということでは、はるかに深いルーツや、深い関係というのをもともと持っておられるということです。

ただし先程申し上げましたように、町村議会の制度、あるいはその議員の在り方のこれまでの慣行の積み重ねの中で、実は町村の議員さんは議員の仕事ということについて割いている時間は都市や県に比べると随分少いということがあります。

つまり議員以外の仕事に割く時間というのがむしろご自分の時間の中の半分以上で、毎年年間四会期でその一会期が四日ぐらいで年間の全議会の日数が一六日というような、そういうパターンがどうしても定着をしてしまう。その意味では実は議員といいながらパートタイマーというような意味合いがどんどんでてくる。そうするとせっかく住民の方々と近い立場にいながら、逆に住民と同じ所に居ることになってしまって、議員という特徴、あるいは議員という役職の持つ意味を発揮しにくい立場をおとりになってしまう。そういうことが実は町村の議員さんの大きな特徴であろうというふうに見ております。

## 2　住民と議会をめぐる現状と問題点

### (1) 地方議会は誰を代表しているのか

こういう町村の議員さんですが、実は議員さんとして住民の方々とどう関わりを持っているのかということを考えてみますと、実は他のレベルの議員さんとそれほど差があるとは思えない。参考資料をご覧ください（23頁参照）。

問い3―1というのがありまして、議員の役割認識ということを、全国の地方議員の皆さんにお伺いしました。

この資料では、大都市というのは人口三〇万人以上、中都市というのは一〇万から三〇万、小都市というのは一〇万以下で、一〇万未満で、大規模な町は人口一万以上、小町村は一万人未満という人口規模で分けてありますが、その中で代理型議員観と代表型議員観というのを聞いてみました。

これは皆さん方もよくご承知の通りです。代理型の議員というのは、議員さんを選んだ選挙母体や選んだ方々の頼んだことだけをやる、その頼んだことに縛られる。そういう委任をされた議員さんというのが議員の役割だ、つまり地元から出れば地元の利益を実現をする、そういう議員の姿というのが議員の在り方だというふうにお考えの方はやはりかなり少い。しかもどのレベルをご覧頂いてもそこそこ、二割弱ぐらい、こういう状況です。

それに対して代表型議員とは全体を代表して、いくら票を入れてくれたからといって特定のその人のいうことを聞くのではないというそういう議員さんです。全体のことを考えて行動をする、そういう議員像を考えられている方がやはり六割近くいらっしゃるということです。ちょっとよく分からないという方も二、三割ありますので、これがどちらへいくのか分からないのですが、とにかく建て前か本音かということは別にして、議員の姿としてこういう姿を想定しておられる。

つまり一方では町村の議員さんで言えば、これだけ地元の方、地域の方に近いにもかかわらず、議員さんにおなりになるとその町のこと全体をお考えになる、こういうことです。その意味では議員として重視をしてきたのはやはり地域全体、自分だけの地元ではなくて町村の地域全体、そういう議員さんが基本的に多いということです。しかし、他方ではやはり住民の方々との日々の接触、こういうものを重要に考えておられる方々が多いということについては、やはり注目をしておかなければならないかと思っております。

そういう意味では議員さん個人個人がそれぞれに地域との深い関わりを持ちながら、しかし実際の議員活動という場面では、まさにその地域の全体に貢献したいと考え、地域の利益全体を代表して行動しておられた、そういうふうな議員像というのが取りあえずは浮かんできたということでもあります。

## (2) 住民と議会との関係

実は住民と議会との関係ではやはり議員さんたちが個々にはそうしたそれぞれの身近の方のこと、あるいは町全体のことを考えながら動いておられるということはよく見えてきたわけです。ですがこれも議会という合議制機関、合議体として考えてみた時にどうだろうかということです。これについては、もう一つ簡単な表が二つのっております(24頁参照)。

その問い7—7、議会への住民参加についてという表があります。これを見て少し考えて頂きたいのは、「議会と住民参加」ということについて議員さんたちがどういうふうに考えているのかということです。

どのレベルでもそうなんですが、地方議会で住民参加をどんどんやっていく必要があるかどうかというふうにお伺いをしてみたところ、実は議会というのはすでに議員さん方がそれぞれの住民の方々の意向を反映し、そしてそれを議会で議論をしているのであるから、改めて住民参加などというものは必要ないのだというふうにお考えの方がやはり三人に一人はいらっしゃったということです。

勿論それに対してもっといろんな意見を議会の中に入れていかないといけない。そういう観点からはやはり議会として、機関として住民参加を進めていく必要があるだろうと、こういうふうにお考えの方はありがたいことに半分以上はいらっしゃったということです。

ちょっと困るのは少し数は少いのですが町長さん、村長さんの部門で住民参加をやっているのでいらないよという方も多少いらっしゃいました。

とにかく、個々の議員さんのレベルで住民の方々との関係というのはそれなりにきちんと作り上げておられるのに対して、実は議会というレベルで住民の方々との関わりというのを作ってきていないんじゃないか、というのが現状の地方議会。地方議員さんの行動を見た時の私の最大の疑問でした。

## （3）住民に開かれた議会をつくる

そこでこういう状況というのを実際それぞれの議員さんがどういうふうに考えておられるのか、

どんな方向で問題を乗り越えていったらいいとお考えなのか、これについては、問い7―8「開かれた議会」（24頁参照）にするためにということで少しお伺いをしてきました。

開かれた議会というふうに言いましてもいろんな意味がありそうですが、とにかく住民の方々から目に見えやすい、近付きやすい、そういう議会というような、漠然とした意味合いで取りあえず考えていただければいいと思いますが、そういう議会にするためにとにかく何をやらなければいけないのか、いろいろと聞いてみました。

そうするとやはり比較的多くこういう制度をどうしてもやらなくてはいけないというふうにお考えのトップに上がってきますのは、やはり「情報公開条例」、あるいは「情報公開制度」であり、これをあげられる議員さんがかなり多いです。

それから「委員会の公開」ということですが、これをやはり積極的にやりましょうという方も多いのです。委員会についてはもうすでにいろいろ公開の試みをしていますよというところもおありかと思いますが、全国的にはやはりこれからというところもおありで、こういう数字になっているかと思います。

それから最近面白いのは「全員協議会」ですが、これを公開しようといって、特に町村ではこれをやらなければというふうにお考えの方が多いということです。全員協議会はもちろん政治的な意味合いでの会議です。それ自体は法的にも何の拘束もありませんから、勝手にやればいいわけで、密室でやったって何しようが勝手なんですが、やはりこれをよりオープンに議論をする場として考えていきたい、と考える方が増えてきています。そういうことがありまして、最近はマスコミに公開をしたり、場合によっては全員協議会の場に一般市民の方に入って頂いたりというような議会も少しづつですが出てきました。そういう意味ではこういう協議会の公開というのも大きなテーマになりつつあります。

その他広報やホームページあるいは会議のテレビ中継等々、いろいろと開かれた議会にするための努力というのをしなくてはという思いは非常に強いわけです。

ですがこのいずれの試みも、それも全部ちゃんとやればそれで議会と住民の関係というのが本当にうまくいくのか、ここら辺はなかなか難しい。それぞれはちゃんとやらないといけない項目ばかりなのですが、やはり基本的には議会として住民参画というのをどういうふうに位置付け、それを議会の活動の中に積極的に取り入れていくのかということがポイントになりそうだということです。

## 3　住民と議会の新たな関係づくりにむけて

私自身は勿論「出前議会」や「地域懇談会」に議会として出張をしていかれるというようなこ

とも大事だというふうに思っておりますし、たんに「請願」や「陳情」を受けるだけではなくて、そのことについてきちんと調査をしたり、あるいは議論を重ねたりといったようなことも大事だろうというふうに思っておりますが、もう半歩ぐらい進めてやはり住民の方々との共同作業といったようなことをそろそろ考えていかれるべき時期になってきているのではないかというふうに考えております。

例えば政務の調査であるとか、実際の議案の立案作業、そういったようなところで幅広く住民の方々と共同作業をしていく、いろんなパートナーシップを組んで考えていく、そういうことがそろそろ必要になっているというふうに感じております。

それから、地方議会の本来の機能であります「審議」あるいは「重要な政策決定」ということに限らず議会のもう一つ大きな柱であります「監視」とか「調査」の機能、いわゆるチェック機能ですが、そちらについても、パートナーシップ型で進んでいくんだろうと思います。

明らかに地方議会の置かれた位置やその能力には大きな限界、制限があります。それを多分乗り越えられるのは、住民がその力をどうやって議会に注入をするのか、あるいは住民の方々と共同をして、パートナーシップを組んで力を発揮するようになっていくのか、この辺りがポイントかと思います。

単に住民との信頼関係であるとか住民の意向の反映とかいったレベルに止どまらないで、もしこれから町村議会が本当に地域に立脚をしてやっていくのだとすれば、まさにこうした住民の方々とのパートナーシップをどう組んでいくのかが大きなポイントになるだろうと思っています。

勿論何でも誰でもどうでも組めばいいというパートナーシップでは意味はありません。地域の方々はさまざまな資源をお持ちです。それぞれが生活者としてそれぞれの技能をお持ちであります。そういう住民の方々それぞれが持っている能力を議会としてきちんと見極めながら、しかも幅広くさまざまな意見を議会の運営の中に反映をさせていく。そういう仕組みをそろそろ作っていくというのがポイントであろうということであります。

その点では、近年のＮＰＯであるとか、さまざまな政策提案活動が市民・住民の方々の間でも盛んになってます。そういうものと議会とがより建設的な関係を作っていくというのが大きなポイントです。今地域の中の例えばいろいろな住民活動の方々自身がそうした議会との間に、お互いに得になる関係をどう作ろうかということでも模策を始めておられます。

そろそろ住民と議会の両方が門戸を開き合って新しい関係を作っていく、そういう時期に来ているのではないかと考えております。いささかあれもこれもで急ぎ足でお話をしましたがとりあえず私の問題提起は以上にさせて頂きます。

参考資料

注記　以下の資料は、同志社大学地方自治研究会（同大教授新川達郎、同大助教授市川喜崇、共同代表）が、2001年に全国900人の地方議員にアンケート調査をした結果である。

問3-1　議員の役割認識

| | 国会議員 | 都道府県 | 大都市 | 中都市 | 小都市 | 大規模町 | 小町村 |
|---|---|---|---|---|---|---|---|
| 代理的議員観 | | 10.1 | 19.8 | 19.6 | 19.5 | 18.6 | 18.6 |
| 代表型議員観 | 76 | 60.6 | 53.5 | 48.9 | 59.8 | 64.4 | 58.1 |
| どちらともいえず | 24 | 27.3 | 26.7 | 27.2 | 20.7 | 15.3 | 23.3 |
| 無回答 | | 2 | | 4.3 | | 1.7 | |
| 計　% | 100 | 100 | 100 | 100 | 100 | 100 | 100 |

問3-3　住民相談の重視度

| | 国会議員 | 都道府県 | 大都市 | 中都市 | 小都市 | 大規模町 | 小町村 |
|---|---|---|---|---|---|---|---|
| 大いに重視 | 64 | 79.8 | 79.1 | 80.4 | 65.9 | 69.5 | 69.8 |
| やや重視 | 32 | 17.2 | 17.4 | 17.4 | 29.3 | 22 | 25.6 |
| あまりしない | 4 | 2 | 3.5 | 1.1 | 4.9 | 6.8 | 4.7 |
| まったくない | | | | | | | |
| 無回答 | | 1 | | 1.1 | | 1.7 | |
| 計% | 100 | 100 | 100 | 100 | 100 | 100 | 100 |

問5-1　地方議会が果たすべき役割

| 重要度1位 | 国会議員 | 都道府県 | 大都市 | 中都市 | 小都市 | 大規模町 | 小町村 |
|---|---|---|---|---|---|---|---|
| 重要政策決定 | 36 | 48.5 | 39.5 | 21.7 | 26.8 | 27.1 | 32.6 |
| 行政の監視 | 16 | 23.2 | 26.7 | 42.4 | 37.8 | 39 | 32.6 |
| 住民意思代表 | 36 | 23.2 | 32.6 | 30.4 | 32.9 | 27.1 | 29.1 |
| 利害対立調整 | | | | | | | |
| 住民への広報 | 4 | 1 | | | | 3.4 | |
| 首長の補佐 | | | 1.2 | 2.2 | | | 2.3 |
| 多様な利害反映 | | 4 | | 1.1 | 1.2 | | 1.2 |
| 地域同意形成 | 4 | | | 1.1 | | 1.7 | |
| 無回答 | 4 | | | 1.1 | 1.2 | 1.7 | 2.3 |
| 計% | 100 | 100 | 100 | 100 | 100 | 100 | 100 |

問 7-7　議会への住民参加について

| | 都道府県 | 大都市 | 中都市 | 小都市 | 大規模町 | 小町村 |
|---|---|---|---|---|---|---|
| 既に意向反映があり不要 | 40.4 | 32.6 | 34.8 | 32.9 | 32.2 | 31.4 |
| 多様に聞くべきで必要だ | 53.5 | 61.6 | 48.9 | 56.1 | 55.9 | 65.1 |
| 長部局に対抗上必要だ | 1 | | 2.2 | 1.2 | 1.7 | |
| 長部局で進み不要だ | 2 | | 8.7 | 2.4 | 5.1 | 1.2 |
| その他 | 2 | 5.8 | 2.2 | 4.9 | 3.4 | |
| 無回答 | 1 | | 3.3 | 2.4 | 1.7 | 2.3 |
| 計　% | 100 | 100 | 100 | 100 | 100 | 100 |

問 7-8　開かれた議会にするために

| 重要度第 1 位 | 都道府県 | 大都市 | 中都市 | 小都市 | 大規模町 | 小町村 |
|---|---|---|---|---|---|---|
| 委員会の公開 | 24.2 | 22.1 | 23.9 | 18.3 | 20.3 | 15.1 |
| 協議会の公開 | 1 | 1.2 | 1.1 | 2.4 | 10.2 | 20.9 |
| 情報公開制度 | 36.4 | 32.6 | 28.3 | 36.6 | 27.1 | 29.1 |
| 広報ＨＰ充実 | 11.1 | 18.6 | 15.2 | 19.5 | 11.9 | 19.8 |
| 会議ＴＶ中継 | 13.1 | 8.1 | 17.4 | 11 | 11.9 | 10.5 |
| 夜間日曜議会 | 2 | 5.8 | 4.3 | 4.9 | 8.5 | 1.2 |
| 現状で十分 | 9.1 | 10.5 | 5.4 | 3.7 | 8.5 | 2.3 |
| その他 | 3 | 1.2 | | 2.4 | 1.7 | |
| 無回答 | | | 4.3 | 1.2 | | 1.2 |
| 計　% | 100 | 100 | 100 | 100 | 100 | 100 |

## 補足発言

### 分かれ道

一つは地方分権で実際町村議会というのがどういうふうにこれから行動していかなければならないのか、どういう環境に置かれてどんな対応が求められているのかという点です。明らかに今その対応という点でいうと「分かれ道」に来ていると私自身は考えています。

確かに議会の責任というのは、例えば条例の制定をはじめとして大変重くなっているわけですが、もう一方ではこれまでの議会の審議がそうでありましたように、事実上形式的に執行部提案を追認をするという形式で進められていけば、議会の役割というのは重くなるどころかますます軽くなってしまうだろうというふうに考えています。

もう一方の道をとる場合には、この機会に議会が本当の意味で、憲法上の議事機関として議論をして物事を考えていくという役割を果たそうということになると、これはまた少し話が違ってくるのかなと感じています。

今ちょうどその「分かれ道」だと考えていただければ良いのではないかというふうに思っております。

## 議会の業績評価をする

そういうこととも関連して、本当は大きな役割を果たせる議会であるはずにもかかわらず、先程来皆さん方の話を聞いていて、本当に議会というのが地域の方たちにも、それから広く社会的にもなかなか活動をお認めいただいてない、そういう話が随分ありました。

ただその中でも服部さんや相澤さんのお話にありましたが、議員さんの中には一生懸命努力をして、広報をしているという方もいらっしゃいます。議員活動の評価をきちんとしていこうというような方もいらっしゃいます。

議員個人のレベルでのそうした活動が進んでいく中で、議会に対する認識も変ってくるという側面はあるだろうと思っています。ですが、個々の議員さんのレベルの活動というのはあくまでも個人の政治活動のレベルにどうしても止まってしまいます。それでは明らかに不足です。議会が議会としてご自分自身の活動を評価するということをこれからはしなければならないだろうというふうに私は考えております。

つまり議会の業績評価をおやりなさいということです。例えば、「我が議会はこの一年間、どのくらい時間をかけて議論をし、その結果としてどういう議決に至ったのか、そしてそれは町村にとってどんな意味があったのか」についてきちんと評価をなさいませんかということを最近あちらこちらでお勧めをしております。

幸か不幸かこれまで地方議会というのはそういう努力を一切おやりになりませんでした。それでもってどうも議会に対する認識が低いなどと言っていても始まらないということだろうというふうにお思いになりませんでしょうか。

しかし、そういうふうに業績の評価などということをされるようになると、本当に大変になる、なかなか議会なんてやってられない、議員なんてやってられないということもあるかもしれません。そこで、もしそういう事態になってあれもこれも考えなくてはいけないという時にどうしたら良いのか。先程は住民の方の力をお借りなさいよという話をいたしましたが、もう少し手近なところで議会それ自体の自己組織権を発揮すると、そこにはいろいろと役に立ちそうな仕組を作ることも可能です。

## 政策ネットワークを作る

三つ目にお勧めしたいのは、やはり議員さん同士で横のネットワークをぜひ充実をさせていただきたいということです。

実は、地方議員の皆さん方でご存じの方もいらっしゃると思いますが、さまざまな政策のテーマごとに全国的ないろいろなネットワークができています。環境問題を考える方々もありますし、あるいは議会改革そのものを考えていこうというようなネットワークもあります。地域的にも全国的にもそうした議員のネットワークが広がっています。我々のようにこういう分野で専門的に勉強しているものは、よく「政策ネットワーク」とか「政策コミュニティ」ができてますねという言い方をするわけですが、そういうつながりが物事を考えていく時のいわば出発点としてとても大きいということがあります。

そうした横のつながり、ネットワーキングというのをぜひお作りになる、これがこれからの生きがいや力を付けていく、そのための大きな種（地域資源）になるのではないかなどと感じながらお話を聞いておりました。

# 全国レベルから町村議会を考える

岡本　光雄

〔略歴〕全国町村議会議長会議事調査部副部長。
　著書『地方議会活性化ハンドブック』（共著）、『分権時代の首長と議会』（共著）等。
　『地方議会人』に議会関係事例解説を執筆中（一九九一年より）。

## はじめに

最初に、このシンポジウムの意義を私は高く評価をさせて頂きたいと思います。私も議長会に就職をしまして二〇数年経ちました。今までいろいろな町村あるいは県等に出かけましたし、いろんな学会などにも顔を出させて頂きましたが、どこへ行っても、地方議会の制度、運営のあり方そのものを正面から取り上げて議論をしたり研修をするところはほとんどありませんでした。

従ってマスコミ論調あるいはいろいろな学会での地方議会への評価は全てといっていいほど「議会はどうしようもない」、「議員の質が悪いんだ」、「議員が勉強しないんだ」という批判に終始するわけです。ではなぜそうなったのかというところの突っ込んだ議論はほとんどなされてきませんでした。そういう歯がゆい思いを随分していたわけですが、たまたま先月岩手県の盛岡市で岩手県立大学が本日のテーマとかなり近い、「地方分権と地方議会の活性化」というテーマでシンポジウムを開き、私もお邪魔をしたわけですが、最近、大学・研究機関がようやく地方議会の問題を正面から取り上げるようになったということで、私は非常に嬉しい、歓迎すべきことだというふうに思っております。

それから昨年は、関東弁護士会が約一年がかりで「地方議会と住民投票」をテーマに研究し、その成果を約四五〇ページにもおよぶ報告書にまとめ、この甲府でシンポジウムを開きました。さらに、最近は財界のシンクタンクも地方議会に関心を持ちまして、「議会と住民投票」と、だいたい今日のテーマと同じようなテーマで、マスコミ関係者、財界人、学者、そうそうたるメンバーを集めまして勉強会を始めております。

そういう席に私もいわゆる説明員として呼ばれたりしているわけですが、ほとんどの皆さん方が地方議会の制度や実態をあまり知らないということに驚きます。そんな中でこのように議会の関係者以外が議会のことを研究するということは、それなりの意義と動機があるはずです。

これらの動きから私なりに感じていることは、これからの日本の政治、行政、社会システムの改革は地方議会の問題をこのままにしてはどうにも前に進めないという問題意識に多くの人がぶち当たっているのではないかということです。

そういう観点から今日のこの催しは非常に意義の深いものだというふうに思います。

# 1　地方分権で町村議会はどう変わるか

## （1）地方分権一括法の施行と町村議会

私自身、実はこれまでのいわゆる第一次地方分権改革では議会はほとんど置き去りにされたという認識を持っています。

分権委員会のヒヤリングにも直接出ましたが、やはりヒヤリングで意見をいう前に、実は横並びで執行部とのすり合わせをやったわけですが、その段階でもうすでに執行部側は議会はそんなことをしなくていいんだということで全部ノーと言いますから、協議が整わないということで、外向きに意見として言えないというようなジレンマもありました。

それから、やはり議会はあまり元気がよすぎては困るというのが、どうも国、都道府県、市町村を通じて、行政側に浸透しております。もっと言うとあまり議員さんが元気になってどんどん発言されると、議会事務局の職員も議長の口述書通りにいかなくなるとか、会議録を作るのが大変だとか、執行部は答弁を用意するのが大変だとか、会議が長すぎて大変だとか、大体そういうレベルで受け取ってしまうので、なるべく議会の会期は短く、質問は少く、円満に終わろうと、こういう風習が何十年もどうも体質としてできあがってしまっているのではないか。

この体質を変えるのは、これは相当の覚悟と努力がないとそう簡単には変わらないかなというふうにも思います。しかし変えようと思えば、そこの議会の皆さんがいわゆる過半数で「よしやろう」といえば明日からでもできることはたくさんあります。

## ①条例制定権・検査権・調査権の拡大

分権改革で、議会に直接関係する事項としては具体的には議案を提出する要件が少し緩和されただけですが、私は機関委任事務の廃止で大きく変わったと思います。

その一つは条例制定権が拡大したということです。これは自治体の基本的なルールを制定する権限です。これはまさしく議会の権限ですから、議会の裁量、つまり議決権を行使する余地が格段に大きくなったわけです。

さらに、検査、検閲権、百条調査権も法令除外事項以外は、原則すべての事務におよぶということになりました。

## ②長より重くなる議会の責任

条例でも予算でもいろいろな議案を議会に提出するのはほとんど町村長です。しかし、それを審議して決めるのは町村長ではありません。議会の議員です。

ですから決定権は議会が持っているわけです。従って提案する側と決定する側、どちらが権限が大きいか、あるいは結果責任が重いかということを考えますと、私はやはり決定権を持っている方が提案した人よりも責任は大きいと言わざるを得ないと思います。

分権改革で議会の責任が大きくなるといわれているのは、まさに条例制定権が格段に大きくなった、つまり国から準則がもう流れてこないということですから、町村長にとっては国や都道府県という後ろ盾、錦の御旗がなくなったと同じです。従って町村長は議会や住民の方を見ないと、県や国の方を向いていてもこれからはあまりいい仕事はできなくなるという仕掛けがもうすでにできていると私は思います。

そこのところを議会や議員が早く気付いて頂くことが非常に大事だろうと思います。従って議員は議会で如何にいい審議をして、如何にいい結論を出すかにかかっていると思います。その結果によって皆さん方の町や村の将来が大きく変わってくるということであります。

## （2）町村議会活性化への取組み

今回のいわゆる第一次分権改革では、議会に直接関係するところの地方自治法はほとんど変わっておりません。ただ、そういう分権という大きな歴史の流れを受けまして、私ども町村議長会としても「地方（町村）議会の活性化方策」というのを平成十年に取りまとめたわけです。それにかなり刺激をされてと言いましょうか、自主的主体的に町村でもいろんな活性化に向けた動きがあります。

### ①「開かれた議会」への取組み

いわゆる「開かれた議会」への取組みについては、（ア）委員会の公開、（イ）情報公開条例の制定、（ウ）住民懇談会、（エ）休日夜間議会の開催、（オ）模擬議会の開催、（カ）議会広報の充実、（キ）ホームページを作る、（ク）有線放送をもっとどんどんやるようにする。というような、目に見える動きが従来の一過性ではなくて、かなり継続的に進行しているというのは事実です。ただそれだけで議会の本質的な問題が全て解決するわけではありません。しかし私はこれらの取り組みはやはり如何に議会や議員さんが住民を意識にしているかという表れだと思います。

これらの取り組みは、全て住民向けですね。公開とか、議会を休日夜間にやるとか、広報を充実するとか、全て住民のためにということがやはり根底にありますから、この動きは非常に大事にしなくてはいけないのだろうと思います。

## 2　議会、議員はどう評価されているか

それから冒頭申しました全国の地方議会や議員さんはどう評価をされているかという問題がありますが、残念ながらあまり評価をされていないのではないかと思っております。

それは都道府県、市町村を通じてであります。実際の議員さん方も自分達の自己採点をした場合に自分達のところの議会や議員は本当によくやっているという人は、実はそんなに多くはないようです。

私もいろんな研修会でもう五、六年前から聞いております。市区町村の議会事務局の職員から見て、自分のところの議会や議員さんはかなりよくやっていると、まあまあ評価できるという人

はいますかと聞くと、残念ながら私はいまだに一人も手を挙げた人に出会っておりません。つまり職員自らも実は自分の議会や議員はあまりよくやっていると思っていないと評価をしているということです。

## (1) 止まらない議員定数削減

いまだに議員定数を減らせという動きが全国的に止まっておりません。自治法の新しい定数のところが平成一五年一月一日から施行になりますが、それに向けて「また減らせ」と、あるいは議員さんも「また減らそう」という動きがまだ止まっておりません。

それは同僚議員がもう少し少くてもいいということでありますから、議員さんにとっては自己否定だと私は思います。これはやはり議会のマイナス評価の一つの象徴的な表れだろうと思います。

よく、議員を減らせば行政改革になるとか経費の節減になるというふうに言われています。本当にそうなのかということをギッチリ議論していないのではないか。それよりも表面的にやはり役に立っていない議員さんがいるではないか。という感じで、たとえば四年間一度も一般質問をしていないとか、会議録を全部チェックしたけれども「異議無し」しか発言してなかったとかですね。ただ座って「異議無し」と言っているだけで、あれだけ報酬をもらえるなら私もなってみたいというふうに言われるところもあったみたいです。

それから、定数をすでに半分以上減らしたところもありますが、しかしそういうところが少数精鋭になって活発な議会活動をやっているかというと、そうではありません。ほとんど本会議や委員会の審議日数も変りません。つまりそれだけ少人数になったわけですから、もうすこし時間をとってやっているかというとそれがほとんどない。ですから、かならずしも定数削減が少数精鋭になっていないということもあります。

議員定数の問題は、よく、報酬とからめられますね。議員一人を減らすと何百万円浮くのかという話をよく聞きます。しかし、全国で議会の議員さんがどれだけ税金を使っているか。つまり公費を使っているかということをマクロで見ますと、都道府県、市町村トータルで、職員の給料も入っている議会費を議員さんの数で割ると、だいたい一人当たりいくらと出るわけです。その一般会計に占める議会費の割合は全国都道府県、市町村をトータルしますと、だいたい〇・八％です。

地方議員は全部で約六万一千人です。こういう人がどれくらい税金を使っているかというと、一般会計に占める割合でいうと〇・八％です。わたしはこの〇・八程度の費用で「もうちょっと元気を出せ」といってもどうかなという危惧を持っています。

それから、年金、政務調査費とか、いろいろ取り沙汰されておりますけれども、この辺は後程にします。

## （2）議会・議員の機能を果たしているか

三つほど議会の機能をあげます。

### ①住民の「代表」となっているか

「代表」の問題は非常に難しいわけですが、端的に申しまして、職業、年齢、男女差、それから地域に非常に偏りがある、といわれております。これは選挙制度から社会のいろいろなシステム全部にかかってくる話でありまして、かなり大胆な改革をしないと変らないだろうと私は思っております。

### ②行政をしっかり監視（監督）しているか

それから、チェック機能の話。よく長に対して議員が与党意識を持っているから駄目なんだとマスコミでも批判されます。ですから、最初から自分は町長の身方、仲間だと思っているから、チェックなんかできないのではないかという批判もあります。

地方議会は、国会と違い二元代表制ですから、長との関係はいわゆる与野党関係にはないということを、特に、自分は長に対して与党だと思っている議員は、はっきり再認識することが大切です。

## ③政策提言（立法）しているか

それから、政策提言をしているか。立法機能を果たしているか。議案等九割以上は全部町村長の提案ではないか、議員は議案すら出せないのだ、という批判をされております。

現実の数字はそうだと思いますが、しかし、議会のスタッフを見ると大体二・六人ぐらい。二・六人で本当に立案ができるのかが一つ問題です。それから首長といえども自分で条例や予算を作って出している人はほとんどいないと思います。全部職員がやっているのです。名前は長の名を付けて出しているから、「長が出したんだ」ということになっているのです。議会事務局にもスタッフがもう少しいれば、議員も自分の名を冠した議案ぐらい、いくらでも出せるわけでして、比較のレベルが全く違うのだと私は思っております。

議会や議員には、大ざっぱに言って、この三つの機能をもっともっと発揮してゆくことが求められていると思います。

これらの機能をいかに発揮していくかが、議会の活性化の主要テーマだと思っています。

## 3　仮に「ウチの議会・議員は……」としたら、どうか。

### (1) 議員になってみたら………

#### ①一人ではなにもできない？

議員の立場になってみれば、「議員になったけれども、議会は過半数の世界だから、一人では何もできない」と思っている人がいますが、一人でもできることはたくさんあると思います。

#### ②研修機会は

研修機会はせいぜい年間何時間でしょう。従来の研修会のほとんどは講演会方式による一般教養的なものが主で、これからは議員や事務局の調査・政策立案・法制能力を高めるため、専門的実務的な研修の充実、議員同士のパネル・ディベート方式等の参加型や広域的な共同研修も行う必要があります。

### ③情報・資料収集・図書館は

町村では議会図書室を部屋として持っているところはほとんどありません。議会図書室は、法で必置義務があるのですが、残念ながら多くの町村は違法状態が続いている現状です。事務局職員も少い。議会費も一般会計に占める割合が町村の平均は一・七~八%です。

## (2) 長(執行部)とは対等(車の両輪)か

もう一つは二元代表制というシステムです。長と議員がどちらも住民の代表だということになっている。このシステムのせいで、議会の影が非常に薄くなっているということがあると思います。

現行の日本の制度では、

①議会の招集権も長が持っています。議長ではありません。

②職員の採用人事権も首長が持っています。議会事務局の人事も長の人事権でだいたい動きます。

③予算の編成・執行権も長が持っています。議長は一円たりとも議会費は執行できません。長の判子が必要なのです。

④議決権も、制限列挙主義、議会はこれだけしか議決できませんよという法律の建て前になっている等々。

したがって制度的には、けっして対等ではないわけです。ですから、この壁を破らなければ議員さんは本当に元気になれないだろうと思います。

# 4　どうしたら議会・議員が元気になるか

## （1）議会議員の個性を伸ばす

一言で言えば、個性ある議会を作ることだと思います。そのためには、

### ①議会・議員に係る余計な規制をはずす

全国一律に規定している議会に対する規制を撤廃する。

例えば、議員定数です。人口段階別に法律が定数の上限値を定めることになります。従ってこれ以上は定数を増やせないという仕掛けです。

私はこの法律の仕掛けを外して、それぞれの自治体が定数を自由に決められるということにすれば、もしかしたら「わが議会は今の定数を三倍にしよう。そのかわり報酬は三分の一、あるい

は報酬はなしにして、費用弁償だけにしよう」と。こういうふうにすれば、もっといろいろな人が議会に出られるチャンスが増えます。

あるいは、法律は今、議会の開催回数を年に四回以内と縛っておりますが、これを自治体の自由に任せれば、「うちは毎週夜二時間づつ議会をやろうか」ということになれば、そんなに議案を溜めなくていい。夜やればサラリーマンでも議員がやれます。そうすれば議会の在り方が格段に変わると思います。今法律が縛っていますから、全国どこへ行っても同じ議会しかありません。こういう規制はもうそろそろ撤廃すべきだろうと思います。

## ②多様な地方制度、議会制度を用意する

したがって今後は、二元代表制という大統領制以外の制度も、自治体の裁量で自由に選べるようにする。

一番身近な例では、国会の議院内閣制と同じように議員の中から長を選べる制度とか、あるいは、シティマネージャーみたいな制度も自治体の判断で選べる。こういう多様な制度を用意する必要があると思います。

それから選挙制度も、なんで町村まで全国一律でなければならないのか。北海道と沖縄の人が、何で同じルールで選ばなければいけないのか。わたしはあまり合理性がないと思います。

そこの住民が「我々はこういうふうに議員を選ぼうじゃないか」と決めればそれでいい。

そうすれば、もっと地域の実状を反映した地方政府の形態、議会の形態が出現する。個性がのび、大いに比較検討することができるようになるはずです。

## （2）研修機会を増やす

### ①バッチを付けただけでは真の「議員」にはなれない

議員は、もともとは一住民です。行政や政治のプロではありません。当選したら、議員としての素養を身に付けるためのサポートをする必要があります。そのための研修等を、もっとシステム的に実施する必要があります。また、テーマによっては住民と一緒に視察研修することも大切です。

### ②地元の大学、研究機関を大いに活用する

地元の大学、研究機関を大いに使って議員研修をやる必要があると思います。夏休みとか、学校の教室が空いているでしょう。もったいないですね。議員研修等も大学等とタイアップして実施する。基礎的な科目も、そこの先生方を大いに活用してゆくことが必要です。

もちろん、大学にとっても、地域・地元貢献というメリットがあるはずです。

## （3）議会・議員活動を徹底して見せる

### ①議会・議員から説明する（見せる）義務がある

やはり、広報です。山梨県の広報は全国のコンクールでも、最優秀賞をもらっています。山梨にはこういういい伝統がありますから、ぜひ皆さんで継承していただきたいと思います。

全国の町村議会では、約九割が議会単独で広報を発行しています。また、有線放送やホームページの広報も増えています。特に、町村の議会は、議員自らが編集に携わっており、約三割の町村では議員のみで編集・発行しています。また、議会報はどうしても政治的問題を取り上げざるを得ないため、編集委員会の位置付けを明確にしておく必要があり、さらに今後は住民や学識経験者等にも編集に参画してもらえば、より住民の視点が加味されることが考えられます。

## （4）従来「できない」「無理」と思っていたものを本当にそうなのか再点検してみる

### ①条例による議決事件の追加

議会が条例を作って、議決事件を増やしたというところがあるんです。

#### （ア）町の基本計画とか長期計画を議決事件にする

こういうところを議決事件にするという条例を議員提案で作ったのです。私は今四町村ほど知っています。

#### （イ）予算・条例を「修正」する

まず、予算については議会に提案権がないとされていますので、議員としては、原案可決、修正可決、否決という態度になるが、提案権を犯さない限り、増額、減額いずれの修正も可能であり、議会の意思を明確にしておくためにも、修正権を活用すべき。条例についても同じである。

### （ウ）常任委員会を一つにすることも可

それから常任委員会を一つにしたところもあります。十数人が二つや三つに別れて少人数で議論するよりも、みんなで一緒に知恵を出し合った方がいいと。ただし、委員長のポストは減るよということはありますけれども。

## （5）自治会、町内会、区長会等に議員の出席・報告を求める

法律的には、自治会、町内会は財産管理しか法人化できませんが、ここがあまり民主化されていないというお話しを聞きます。ここと議会との関係をもう少しほぐした方がいいと思います。自治会などが風通しが悪いところは、議会の風通しも悪いといわれています。

## 補足発言

### 議員が十分活動できる環境整備

議員の方のお話を聞いていて、私どもまだまだ議会というのは非常に奥が深いといいましょうか、やはり全国に三二七〇か八〇の地方議会があるわけですが、そこにはそれぞれの議員さんがおられて、毎日いろいろな活動をされているわけです。従ってデータ、数字なんかだけで地方議会をイメージしてしまうのは非常に危険だなという気が私自身しております。

それから、私のところには、地方議会に関するいろいろな照会がありますが、だいたい九割ぐらいは議会事務局からのものです。その照会のトーンは、執行部で考えることではないのかというような感覚の問いがすごく多いです。

「こういう議案は出していいのか」とか「議員はこんなことは質問させてはいけないのではないか」とか、まだ執行部感覚でいて、本人はほとんどそれに気が付いていません。

自分は事務局の辞令をもらって事務局長としてやっているつもりだけれども、無意識のうちに長年の執行部のものの見方とか考え方が染み付いている。そういう質問が非常に多いです。議員からの直の生々しい質問にはこちらも非常に緊張します。やはり事務局の言葉を通してくるとどうしても臨場感が薄まってくる。

そういう意味では、議員を取り巻く環境が本当に議員一人ひとりがのびのび住民のために働けるように制度・運営等の改善を図ってゆく必要があります。新しく、まだ新鮮な感覚を持っておられる議員に会ったとき、「あの当選の時の本当の感動は、これは事業で成功したとか、お金をもうけたとか、そういう喜びとは全然質が違う」、という話しを聞きます。ですからその思いを実現するためには、議員が十分活動できる環境整備、これがやはり我々は本当に必要だなということを実感しております。

そのためにはやはりスタッフの充実をやらないと、とても議員が一人で資料を収集して自分で法律との関係はどうかを確認しながら条例案を作るのは大変なことです。従って特に町村ではそういうことが必要かと思います。

## ルールの変更

それから、先程来いろいろ話を聞いておりまして、「議場の形が変だよ」とか、「一番の活躍の場である議場での発言のやり方・ルールに問題があるのでは」、「回数制限」など、「事前通告の問題」とか、誰か言われましたね。たとえば「議長さんの許可を得ましたので質問をさせていただきます」と、だいたい会議録を見ますとそう書いてあるんですよ。つまり議長が一般質問の内容についての許可権までを持っていると思い込んでいる人が随分いますね。それは本来は「はい」と手を挙げた時に「どうぞ」という許可なんですが。

議長が許可をしなければ一般質問そのものができないのだと、こういうふうに思い込んでいる節が若干ありますので、そのあたりのルールの解釈が必要です。

行政には素人の議員が自分の質問することを全部事前に長に通告していて、長はプロの職員に全部用意させて本番に臨むわけです。これはどう考えても議員に分がない。それが生中継で流れて住民が見ていると、どうも町村長の方が少し上手だなという印象を持つのではないかと思いましてね、それはやはり会議規則などの身近なルールを少し変えてみればいいと思うんです。たとえば、質問の通告制をやめてみるとか、長の答弁も事前に議員に通告させるとか。

あるいは、議員自ら、町の「基本計画」を自分達が知らないところで作っているというのでは責任がもてないということで、条例を作って議決事件にした。私の知っているのは四町村です。西から、山口県の田布施町、福島県の月館町、山形県の余目町、岩手県滝沢村です。

はじめは、そんな条例は違法だという受け取られ方をしたところがありましたが、私はそういう時にはこういうふうな言い方をします。

「違法なら違法であるという法律の条文を教えてくれないか」と。

そうすると

「駄目だという禁止規定を書いた条文はありません」と答えます。

「では、そういう条例を作っても違法ではないですね」というと、

「そうですね」となる。これで終わりです。

## 執行部に資料要求するときは

それから、議員が執行部に資料要求をします。個人で行くと役場によっては、「個人の議員に資料を提供しなければならない義務はありません、欲しければ議会の議決をもって来てくれ」という執行部があるそうです。

その時にも「断るのなら断る根拠を見せろ、法律、条例等にこれは守秘義務がかかっているとか、出してはいけないというキチッとした根拠があればいいけれども、もしないのなら断る理由がないでしょう」と、「理由がないということは断れない、だったら出しなさい」というふうに裏から言えばいいですね。

そういうふうに、議員さんもその気になればできることはたくさんあるし、住民にもっと自分達のことを説明する責任があると思います。知らないで誤解を受けて批判をされているところがたくさんあると思います。ですから実はこういう制度になっているとかですね、こんな状態なんだよと、それを一緒に考えていくことがこれから非常に必要だというふうに思います。

# 山梨県における町村議会

河西榮三郎

［略歴］山梨県町村議会議長会会長。増穂町議会議員。増穂町議会議長、南巨摩郡町村議長会会長。

## はじめに

只今ご紹介を頂きました山梨県町村議会議長会の会長であり、増穂町議会議長の河西でありま す。

地方議会の活性化についてのシンポジウムのパネリストとしてこの壇上に登らせて頂きましたが、皆さまのご期待通りのお話ができるかどうか不安ですが、私の経験を通して地方議員として、また、議会としてどうあるべきかをお話したいと思っております。

## 1　山梨県町村議会議長会の現状

まず本議長会は、町村行政の円滑な運営と、その刷新改善に努め、地方自治の振興を図ることを目的として、昭和二十四年に設立され五十三周年を迎えようとしております。

構成町村は五七町村、議員数については、平成十五年一月一日施行される地方自治法の定数は九八八人、各町村の条例による定数は八六四人、現在の議員数は八五三人です。法令定数より条例定数は一二四人減員となっております。町村では四七町村、約八二％が減員条例を制定しております。

地方分権改革によって機関委任事務が廃止され、国、県、市町村はそれぞれ対等な立場に改められました。今や自治体は、自らの課題は自らが解決する自己決定と自己責任が求められています。

特に、地方分権時代における自治体運営においては、情報公開と住民参加の下、住民の意思に基づいて行う自治の充実が益々求められる時代となりました。

このような時、少子高齢化問題、今日的課題でありますゴミ・ダイオキシンなどの環境対策、福祉・医療・保健問題、人づくりのための教育問題、加えて町村合併など重要課題が山積しています。議会の果たす役割は大きく、議員の責任も重大であります。

このため、議長会では議員や事務局員を対象とした研修会を七区分に分けて実施し、議員の資質の向上に努めております。議長会としても個々の町村の実情を把握しながら、共に力を合わせ、地方自治発展のため努力をして参ります。

## 2　町村議会の役割と活性化

議会は条例の制定、予算の決定、執行機関の監視など住民が直接選挙で選んだ代表で構成される、最高の意志決定機関であると思います。

地方自治体は国と違い、首長と議会の双方が共に住民を代表する二元主義をとっていますが、議会は首長に比べ受動的機能しか果していないといわれています。ことに無投票当選の議員の増加は、相乗り首長の増加と共に二元代表間の緊張の緩みとして懸念、心配をされるところであります。自治事務などの増加によって議会の権限が広がる中、条例制定活動や一層強まる首長の行政活動に対するチェックなど、本来の議会の責務を果たすべきであり、責任の大きさは認識しなければなりません。

　次に活性化についてでありますが、地方分権時代の議会は行政を進める上からも、住民の期待に応えるためにも活発な活動、活躍が求められています。

　昨年九月二十八日、関東弁護士会連合会が「地方議会と住民投票～二一世紀、地方自治の前進をめざして」と題して甲府市でシンポジウムを開催し白熱した議論がありました。そして「地方議会の創造的発展と住民投票の制度化をめざして」と大会宣言を採択しました。

　この宣言の中で、議会の改革と住民投票の発展をめざしての共通の前提として、地方に関する権限を国から地方自治体への委譲と、自治体自らの情報公開が進められるべきである。また、議会の創造的発展に向けて、条例の議決案件の拡大、夜間、土日議会の積極的開催、議会事務局の自立性の確保と充実、議長への議会招集権の付与等を求めるべきである。など地方議会の活性化への宣言がなされました。

　私は、地方議会の活性化は地方自治法などの整備と、私たち議員による活性化への努力だろうと思います。

　弁護士連合会の宣言で指摘のように、議長の議会の招集権について、地方自治法第一〇一条、地方議会の招集は普通公共団体の長が招集する。また、議員定数の四分の一以上の者から会議に付議すべき事件を示して臨時会の招集の請求があった時は、首長はこれを招集するとあります。

　これは議会そのものの主権がないに等しいことになります。

　少なくとも臨時議会の招集権は、首長と共に議長にも付与すべきであると思います。

次に地方分権時代の町村議会は、今まで以上に地域住民の声を聴き、それを政策として立案していく機能が充実されなければなりません。

地域住民の代表機関として、自治体の最終意志決定をあずかる議会の役割は益々大きくなります。これらの期待に応えるためには、議会は単に会期中の活動能力があれば十分とはいえず、閉会中の活動も大いに求められています。

既に制度化されている、議員の提出要件・修正動議の発案要件の緩和、地方議会から国会への意見書提出権等が真に意義を持つためには、閉会中の議員の活動が認められなければならないと思い、議員派遣制度の創設が必要だろうと思います。そして幅広い議員活動を住民は望んでいます。

そのほか長期計画の総合計画のみでなく、基本計画までの議決など法整備による活性化と、議員自身による活性化への努力が必要であります。

私の町では、平成七年の統一選挙から、増穂町選挙公報に関する条例により立候補するにあたり、この公報で各々が政策などを公約することとしました。短い選挙期間で作業が大変ではありましたが、町民からは大変好評を得ました。それは選ぶ判断基準になると同時に、当選された議員が真に住民の代表であるとの自覚を持って議会にのぞみ、ひいては審議の充実となって表れて参りました。また、今期は無投票のため公報を発行しませんでしたので、議会広報紙で公約を掲載し、町民に周知をしました。このことが議会の活性化に大いに役立っていると自負しています。

次に、住民と議会を結ぶ架け橋として重要な役目を果している、議会広報紙は全国二五五二町村のうち、単独で発行している町村は二〇〇七町村で、七八・五％といわれています。

私のところも、昭和五九年三月増穂町議会広報発行に関する条例を制定し、昭和五十九年六月議会号から発行をし、この三月号で一八年、七二号となっています。

発刊当初から議員による手作りによる編集であり、現在もその伝統を引き継いでいます。このことは、執行部に対する遠慮もなく、議会本来のチェック機能を果たす上でも、また、議会の審議内容などを伝えることに大いに役立っています。このことは、編集委員のたゆまぬ努力の賜物であり、十分住民との架け橋となっていると自負しています。

この努力が実って全国広報コンクールで優秀賞を含む四回、山梨県議会コンクールで十四回それぞれの部門で表彰されました。ただ、住民が読んで理解してくれているか不安でしたので、平成八年によりよい編集をするためということで、町民千人を対象にアンケートを実施しました。半数の方から回答をいただきました。「あなたは議会広報を読みますか」という設問に「必ず読む」が五八・三％、「ときどき読む」三〇・三％と、九〇％近い人が読んでいるとの回答がありました。

この結果、広報紙を通して住民との繋がりを一層強める必要を感じます。

また、私の町の議会は、正副議長の任期は地方自治法第一〇三条第二項による議員の任期、即ち四年であります。短期間の交代は、不慣れな議長の下で議会が運営されることになり、議会事務局の役割が大きくなります。そして、議会の権威低下の原因となると同時に、議会の活性化への障害ともなっています。

## 3　女性議員の進出

先に、山梨県町村議会議長会の現状についてお話を致しましたが、現在の議員数八五三人中、女性議員は三九人であり、全体の四・六％に過ぎません。しかし、この三九人中、議長が一人、副議長が三人、常任委員長が三人、常任副委員長が一一人、議会運営副委員長が一人、議会の窓口であります広報委員長が二人、同副委員長が八人、若干の兼任もありますが二六人、約三分の二が重要な役職について、おのおの議会の運営に携わっております。特筆すべきは丹波山村議会では、正副議長さんが共に女性であり、その活躍はすばらしく、町村議員の機関誌であります『地方議会人』でも、名コンビで活躍している様を大きく紹介しています。反面五七町村中二六の町村では残念ですが、在籍をしておりません。

私の増穂町議会も今期は男性のみであります。しかし昭和三八年に初めて女性議員が誕生して以来、八期目平成七年に久々に待望の女性議員が誕生をしました。男性議員には解らない女性らしいキメ細かい部分で生活に密着した質問をし、活躍をして参りました。

ゴミの減量化、リサイクルの推進など身近な環境問題を取り上げて公約とし、生活に根ざした幅広い活動をして参りました。このように幅広い、積極的な活躍をして参りましたので、男性議員もこれに呼応するかのように活発な議会となりましたが、平成一一年二月末をもって、この年行われました県議会議員選挙に立候補するため、辞職をしました。

今期は男性のみであります。非常に残念でなりません。

増穂町でも平成一〇年に「男女がともに創るますほプラン」を創設しました。この中で、

1 男女平等の意識づくり
2 男女共同による社会づくり
3 働きやすい環境づくり
4 心と身体の健康づくり
5 互いに支え合う福祉の推進

を揚げました。

議会のみならず、各行政委員や他の団体への女性の進出を強く望むものであります。

## 4　私の目指す議員像

現在、山梨県町村議長会の会長として、また関東地区町村議長会会長として、県内は五七、関東は三四四町村議会の発展のために全力を尽くす立場にあります。私は平成三年、長い公務員生活を終え、この間ご無沙汰しておりました地元へご恩返しをしたいと思っておりましたら、町議会議員への地元の推薦がありました。

これもひとつのご恩返しと思い立候補し、議員生活へと入ったのです。

最初の私の皆さんに対する公約は、皆さんの代弁者として全力を傾注しますと、次の公約を掲げました。

二一世紀に向かって「活力に満ちた、ライフタウン増穂」の実現のために

1　住みよい生活環境の整備

2　福祉の充実

3　人創りのための教育

4　生涯スポーツの振興
5　農林業の振興

以上の五点を増穂町選挙公報の発行に関する条例による選挙公報で、このような公約をしながら立候補し、当選して議員生活に入って広報委員長、文教厚生常任委員長、そして三期目議長として現在に至っております。

地方議会は古い体質、慣行を持っているというイメージが強く、確かにその要素があります。

私が当選したころは、先輩議員に遠慮してなかなか発言できませんでしたが、今の議会は当選回数に関係なく発言をしています。以前程、当選回数による支配は低下しております。例えば三期も一期も同じ住民代表との意識があります。

当選回数の多い議員が力を持っているのは、長い経験だけでなく幅広い見識、他の議員の意見に耳を傾ける度量、異なる意見の調整力があるからだと思います。それらを欠くとリーダーとしての要件に欠けます。

良い意味でのリーダーシップを発揮する議員を目指しております。

また、財政難時代、今の時代ほど議員活動が難しいものはありません。財政に余裕があるとき議員はいい格好ができましたが、今はできません。住民は議員が執行機関に対し特権を持ち、特別のことができるように思っています。この思いは今も住民意識の底流にあります。

このような過大評価、いや錯覚は、透明な活動が求められている現在の議員には迷惑な話です。

この財政難のときだからこそ議員はその実態を住民に伝え、理解を求めるべきであります。議会の審議を通じて窮状を訴え、住民の理解を求める必要があります。

財政の現状を前提にすれば、議員はいい格好より苦いことを言わねばなりません。議員は住民の代表であるから町全体の将来のことを考えた政策提言をすべきであります。ここが特定地域を中心に考える町内会長と異なる点だと思います。それを欠いたなら町内会長と議員は同じ発想になり、極端な言い方だけれども議員は不要となります。

執行機関が行政需要や事業の実施についてキメ細かに聴き、要望の多いものを実施する傾向にあるのは、限られた財源の使い方で批判が出ないようにする知恵で、財政が豊かであった時代にはとられなかった手法であります。

これからの議員は安請け合いでなく「できるもの」と「できないもの」を区別する勇気が必要です。私はそんな議員になりたいです。

公平・公正・清潔は勿論のこと、地方の時代に即応した政策立案能力の強い議員を目指します。

# 町村合併の必要性

## 1　地方分権の推進

地方分権が着実に歩み出している現在、町村が住民に一番身近な存在である総合的な自治体として、自己決定・自己責任の原則のもと、総合的な行政サービスを担う時代となりました。

町村合併は、あくまでも現代と将来における、子や孫のためを含めたサービスを維持向上させていくためにも、町村体制の強化を図るためにも必要であります。

## 2　少子高齢化社会の進展

二〇〇七年をピークに我が国の人口は減少の一途をたどり、超高齢社会の到来が予測されます。今後、経済成長も鈍化し、税収も伸びない中で、保健・医療・福祉などのサービスを充実させるには、どうしたらよいか。

高度化・多様化する広域的課題に対して、今のままの体制で十分対応できないと思います。

### 3 自治能力の強化

小規模町村では、個々の職員が多種類の事務を兼務し、分権時代の専門組織や公務・技術能力など、専門職員を確保することが難しく、行政サービス維持向上ができないため、行政基盤の強化が必要となってまいります。

### 4 財政問題

現在、国・地方合わせて六六六兆円の借金がある。交付税も四〇数兆円の借金がある。いつまでも財政赤字を先送りすることはできないので、国も地方も効率的・効果的な体制をつくる必要があります。

## 5　住民参加の促進

これまで国、県、町村と上から下への縦の行政であったが、これからは町村が自らの創意工夫でその地域の活力をつくり出す時代であります。そのためには、住民との関係が重要となってまいります。

山梨県の議員報酬の平均は一六万七七三七円、全国平均は二一万七〇九九円で約五万円の差がある。私の町では、この平均よりまだ低い一六万六〇〇〇円であります。

平成八年に十二月議会で特別職報酬審議会の答申を受けて、一万二〇〇〇円引き上げの条例改正を行い、現在に至っています。

この条例改正の時に、財政が厳しいから値上げに反対という議員があったが、若い人の議会への参画のためにも値上げした方が良いとの意見が多く、一五対二で可決になりました。

ちなみに私の町の議員の平均年齢は六四・九歳であり、年間の出動日数は議長で二七四日、議員で公式会合のみで八九日です。

若い人が参画し、安心して議会（員）活動を行うためにも報酬を考え直す必要があると思います。

また、地方自治法の第一〇〇条の一二項で、議員の調査研究のため必要経費の一部として、政務調査費を交付することができる改正がありました。

これは、地方自治体の自己決定・自己責任体制の確立のため、議員の政策能力の向上、審議の充実を図るものであり、財源が非常に厳しい中ではあるけれども、議会活性化と議員の資質向上のため適用する必要があると思います。

今、地方分権時代にあって、政策形成能力と政策決定責任は、私達地方議会に強く求められています。

「地方議会の活性化」と「開かれた議会」は、ともに私達にとって共通の合言葉であり、住民に対する情報公開は重要な役割をもっています。

「自分たちの町は自分たちでつくる」ことにある。議会と地域住民との、更なる堅い信頼関係の構築に向けて努力をします。

補足発言

## 山梨の女性議員

先程相澤さんからは一年生議員としての考え方、それから三森さんからは「議会」あるいは「議会広報」を外から見た非常にきめ細かい女性らしいお話をしていただきました。

私の議会は今は女性はおりませんで男性のみです。昭和三八年に初めて一度だけ女性議員が誕生しましたが、それから八期、三十数年なかったんですが、平成七年にようやく待望の女性議員が誕生をしました。

女性らしい感性でもってきめ細かなところまで気が付いて、それから一般質問でも、あるいは質疑などについても非常に活発に発言してくれて、非常に期待をしていたところでありましたが、県会議員の選挙に立候補しましてやめましたので、今は男性のみです。

例えば「ごみの減量化」とか「リサイクルの推進」など、非常に身近な問題はなかなか男性では気が付かない。そういう意味では女性の議員さんの誕生を願っているところであります。議会のみならず、行政委員会にも女性の進出を望むところです。

先程女性の議員さんの話が出ましたが、ちょっと山梨県の現状の話をしますと、全部の議員さんは八五三人ですが、そのうち女性の議員さんは三九人です。全体の四・六％にすぎません。しかしこの三九人のうち議長さんが一人、副議長さんが三人、常任委員長が三人、常任副委員長が十一人、議会運営副委員長が一人、議会の窓口であります広報編集委員長が二人、副委員長が八人と、若干ダブっている人もあろうかと思いますが、二六人の方々が、約三分の二ですね、三分の二が重要な役職について議会の運営に携わっております。私は非常にいいことだと思いますし、私の議会にもこういう女性がいればというふうに思っているわけですが、女性がいない町村というのは、五七町村のうち、二六の町村で残念ですが女性議員がおりません。そんな状況ですので、ぜひ一つ女性の方々の議会への進出を望むところであります。今日は女性の方々も大勢おりますので、望みたいと思っております。

## 議員は町全体の代表

また今財政難の非常に厳しい町村の行財政運営の中にあります。議員活動はそういう意味でも非常に難しい時代ではあります。財政に余裕のある時は、例えば「私たちはこうだよ」ということでお願いをすればすぐかなえられたわけです。

ただ一般の町民の方々は議員さんは執行機関に対して特権を持っていると、特別のことができるように思っている。今も住民意識の中にはそういう点があるのではないかという感じがします。このような「錯覚」が透明な活動が求められている現代の議員には非常に迷惑なんです。国で言いますと、今問題になっておりますす鈴木宗男さん、ああいう形の議員というのは私たちには理解できません。

やはりそういうのが町民の要望だとかそういうものでもって押しつけるというふうなことになると、やはりああいうふうになってしまうということになろうかと思いますが、やはり町民全体の代表ということで、できるものとできないものとをはっきり区別できるような議員になっていきたいと思っております。

公正、清潔というのはもちろんですが、地方の時代に即応した政策立案力の強い議員を目指していきたいと思っております。

# 新人議員から見た町村議会

相澤　正子

［略歴］山梨県八代町議会議員。八代町社会教育委員、東八中部商工会女性部部長、八代町結婚相談員等を歴任。

## はじめに

皆様こんにちは。ただ今ご紹介いただきました八代町議会議員、相澤正子でございます。私は昨年四月、初当選を得たばかりの未熟者でございます。今、この居並ぶ諸先輩の前で、この大きなテーマをいただき緊張しておりますが、地域を愛する気持ちの中で立候補した事を考え、「ものを言い風をおこす」これもひとつの使命と考え、辛い事ですが勇気を出して感じたことを申し述べ、責めを果たしたいと思います。

議員になりまだ一年にも満たないものでよくわかりませんので立候補のきっかけ等からお話し

させていただきます。

私の住む地域は町の中央に位置し、過去二十年間立候補者がなかった集落でございます。そのためか女性の出馬等何をか言わんや、との風あたりは一言では言い表せない辛く厳しいものでした。頼りにしていた方からの「負け戦には手伝えない」「選挙とは汚いものだ」「選挙の仕方を知らない」。その言葉を聞いた時の切なさ、何度もくじけそうになりました。でも、反面、みんなの心の暖かさを知ったのも選挙でした。今でもあの時のうれしさ、感動は目に、心によみがえります。それは、心配していた告示の日、町内や県内各地から、海外セミナー、アドバイザー講座の仲間、県会を初めとする近隣町村の女性議員の先輩の皆さん、女性団体や高根の同級生と、続々と応援に駆けつけてくださったことです。それを見た地域の一人が「もしかしたら正子さん当選してしまうかもしれん」ともらしたと言います。

その仲間の支えがくじけそうになった私の心を支え、地域の人達の心を動かし、一丸となって当たってくださったきっかけになったように思います。

この女性のネットワークと共に、辛い立場も顧みず、中心になってくださった人がいたことが、その暖かい心が私を当選に導いてくださったのです。何年か前、隣町では先に立ってくださる人がいなかったばかりに立候補をあきらめた女性がいたということも伺っています。女性はすすんで先に立ってくださるということはなかなかできない大変なことなのですが私を支えて下さった人がいたおかげで立候補でき、当選させて頂いたのです。

## 1　町会議員立候補のきっかけ

私は、今から一四年前主人を亡くしました。その当時、諸活動も休み、私なりに家族を支え、頑張っておりました。が、ふと我が身を振り返り、これからの一人で生きていく余生を外にも目を向けて歩こうと思い立ち、婦人会館の講座等に参加するようになりました。

世界をあげての男女共同参画への取り組みの流れの中で、山梨県でも女性プランの講座等を始めておりました。講師に当たられた議員の先生の輝くばかりのお姿に感動し、何の立場のないことも忘れて八代での講演を依頼しました。そして、立場を作るために、たまたまたらい回しの公民館婦人部の部長を受け、五〇人の役員を説得し、なかなか承知してくださらなかったのですが、承諾を得て一〇人の理事のつよい協力をいただいて「明日に向かって女性の力を」と題し、一三〇人の参加者を得ました。

## 2　私をめざめさせたもの

また、アドバイザー講座やウイメンズカレッジも目新しく、女性協会長の立場でバス一台で研修旅行に行った市川記念館での講演等大変な刺激となりました。またその頃、環境ホルモンなどの汚染についての訴えが始まっておりました。私たちも講座の中でのグループ研究で、水や空気の問題に取り組み環境問題に取り組み、「今、環境を考える」と題し、発表したりしました。そんなことを通し、また、今までかかわってきた、愛育班、ＪＡ女性部などの女性団体活動の中で学んだこと、海外セミナー・インド訪問で学んだことなどを含めて、命と健康を守る、子供たちや弱い立場の人を守るためには、生命を生み育てる女性の感性が、今、求められていると感じました。

そして、公害たれ流しの経済優先社会の路線変更は、女性の手の内にかかってると私は考えました。あの戦時下で、「君死に給うことなかれ」を詠んだ与謝野晶子の勇気を想う時、女性の参画を、声をあげて叫ぼうと思いました。お互いを思いやり、認め合う社会の構築、男女平等参画の意義はきっとここにあるに違いないと思い立ちました。

しかし、天は両性で支える、と中国の言葉にありますが、女性が同格の人権を行使して、正しいルートの中で発言していく参画は、諸外国に比べて非常に低い実態です。

その改善のためには、女性自身がまず意識を高め、血を流し、洗礼を受けることが大切です。「女性は勉強しても活かさない」といわれないように、まず踏み出そう、自ら手をあげようと呼びかけを行っておりました。

その頃、県女性協会のメンバーが、統一地方選で多勢当選されたのを見た時に、女性は決して能力が劣っているわけではない、女性は場を踏むチャンスが少いので、まず自信をつけることが大切と感じ、女連協会長の立場で、町女性議会を企画しましたが、結局担当課の人手不足と、女性の消極性のために実現に至りませんでした。

わが町がプランの策定も遅れている焦りもあり、誰かが捨て石になる、呼び水になる必要を感じ、未熟者は承知の上で、自ら手をあげることの実践として、千尋の谷から自らを突き落とす覚悟で踏み出した立候補でした。

## 3　議会に入って感じたこと

上位当選された公明党の若い、私の娘とあまり変わらないまだ四二歳という女性議員と肩を並べ、何か照れ臭さを感じる中でスタートいたしました。事務局は新人のために、庁内全課の内容説明勉強会を開き、広域行政組合の研修やゴミ処理場、児童館、トンネル開通現場の研修、近隣議会との交流、合併講演会等、たくさんの研修を企画して下さり、男性議員からもいろいろな面で心配りをしていただきました。

## 一般質問

私は一般質問を三回の議会の中で七問行いました。

まず、最初の六月には、私の出馬の目的でありました「女性プランの問題」に取り組みました。
①「男女共生プラン策定と女性担当窓口について」
②「女性の活動拠点設置について」
③「映像情報連絡施設」（例えばＣＡＴＶなどの設置について）
九月には、
④「環境の問題」
⑤「地方交付税削減への対応策事業のみなおし財源確保等について」
そしてまた、一二月には、
⑥「大石トンネル開通を活かす村おこし対策について」
⑦「障害者支援とレスパイトについて」です。
三月議会には、

①「地域医療整備について」
②「女性農業委員登用について」
③「ペイオフ解禁への対策について」を予定しています。
ＣＡＴＶの設置は議会便りなどを補うメディアにおける議会の傍聴も公開の大きな手段と考え、この問題を取り上げました。私の七つの質問中「プラン」についてはこの十二月の補正でようやく予算が計上され、ああよかったなと思っているところです。

## 4　議会と執行者・住民とのかかわり

今まで、ある県議から、その方が始めて小淵沢町議になられた頃、議会での質問については町長はすべて聞いて下さった、と聞いていましたので、その期待が大きかっただけにがっかりしたことも度々でした。全般的に議会の神聖さ、場の重さを考えると、実際は「検討します」の連発で、通告に対して漠然とした答弁が多く、答弁内容の確認が難しく、私など、本当に、煙に巻かれたような感じで再質問をどうして良いのか分からない感じです。

関連質問も二回のみでは充分な論議がなされず、執行者への議会のチェック機能が果たせませんん。難もなく「異議なし」で通過しているような気がします。これでは議会の大切な権限であり、また重大な意味を持つ決議をないがしろにしていることになりはしないでしょうか。

大切な議決権を、住民の代表として二元代表制の立場の中で有効に行使するためには、執行者と同格であることを踏まえると、答弁の通告もあってしかるべきではないかなと思います。

そのことにより充分な討議がなされ、執行へのチェック責任が果たせることが、いいまちづくりが出来る大切な事だと思います。また、質問内容の理解を得るために、質問資料を傍聴者、執行側と議員に毎回配付いたしました。

議会傍聴も事前に質問内容を町民に知らせることの大切さを考え、後援会より簡単な傍聴案内を出しておりますが、農繁期を含めて、毎回二、三〇人の傍聴者がありました。しかしサラリーマンの増える実態の中で、これからは日曜日や夜間議会の試行も必要だと思います。議場の態勢も、議員に向かっての質問も不自然で、形式化されており、議員はお飾りのような気がします。

例えば、議会の招集権が何故首長なのかと思います。請願、陳情、請い願う、この言葉はおかしい。諸外国に比べてみても、公務員の兼職禁止、議員は住民全体の代表であるはずなのに、専門職も入れない、一部住民しか代表になれないのはおかしいと思います。

## 5　地方分権と議会とのかかわり

今、なぜ、地方議会の活性が問われているのでしょうか。それは、明治政府の上意下達の体制、機関委任事務によりコントロールされていたものが、今、外され、法定受託事務以外は地方権限とする地方分権の時代となりました。そのために、地方自治体の担う役割が増え、中央依存構造から脱皮する自主自立が求められ、必然的に地方議会の役割も重くなったのです。

そして、住民の代表機関として、政策立案や審議能力向上のための研修、議会図書室設置、事務局に専門家を入れる事の重要性等を視野に入れての、早急の対策の強化が必要です。

## 6　めざす議員像

私自身はしっかり学び、しっかりチェック出来る、責任の果たせる議員を目指し、後に続く女性のために、女性はやっぱり駄目だと言われないような議員になりたいと思っています。

補足発言

## 地方議会の議決事項を増やす

最近、行政の厚い壁をしみじみ感じたことがありました。

それは、待望の女性の社会進出の支援策ともなる児童館建設にあたり、議会も視察研修や、全員協議会でも検討も行いました。私も、少子高齢化、核家族化が進む今の時代に必要な、高齢者と児童が交流できる相乗効果を考えた児童館を望み、「これだけは譲れない」とまで発言した経過もあり、設計図の提示を楽しみにしていました。

その矢先、児童館建設の採決の通知があり、驚き、早速担当課へ出向きました。が、すでに、変更の余地はなく、本当に期待が大きかっただけに、「議会軽視ではないのか」と詰め寄りました。しかし、実にこれは私の勉強不足であったわけですが、地方自治法と町の例規の中に「議会の権限の議決事項」として「政令で定める基準に従い、条例で定める契約を締結」とあり、工事の請負金額五〇〇〇万円以上のみ議決できることが明記されておりました。

それは言い換えれば、五〇〇〇万以下の事業のチェック機能は、その権限は議会にはなかったのです。私は本当にびっくりし、何故、どうして、とその疑問を解くために各種資料を読みました。

執行者と議会は車の両輪によく例えられ、優劣はないといいながら、いまだに住民を蚊帳の外におく体制が法律の中に位置づけられていることに驚いてしまいました。「由らしむべし、知らしむべからず」。この古い意識がいまだに根強く残っているのかもしれません。

もうすでに、地方分権の新体制です。双方向のやりとりにより、協力して住みよい地域づくりと幸せを考える協働の時代です。三鷹市では四〇〇人の住民で総合計画を策定したと聞きますが、町を愛するその目的は、執行者も、住民も、議会も、一つであるはずですから、その基本を正義とすれば、その打開策、対応策は自ずと見えてくる様な気がします。

## 地方議会の重い責任

「議会と首長との一体化論」もありますが、単なる馴れ合い、一体化ではなくて「一歩離れ二歩離れるな」この言葉のように、それぞれの役割を活かせる関係を保ちつつ協働し、住民の期待に応えられる議員、議会でありたいと思います。これからの地方自治体の果たす役割の重さを考えると、現実問題として住民の協力なくしてはやれないというのが実状だと思います。

現在の網の目を補う自治の担い手となっている各種団体や区長、部長、組長に、上からの押しつけではない対等の立場での役割分担、また住民もお任せ意識ではない、共に担う意識なくしてはこれからの町づくりは不可能ではないでしょうか。

当然、住民代表である議員の責任は重く、そのリーダーとして、住民参加の場をたくさん設け、町の内情もガラス張りにして、北海道のニセコ町のように、財政はすべて分かりやすく町民に公開し、節税等の事業執行も納得の上で行うべきだと思います。

「人の足を踏むな、人に足を踏ませるな」。これは女性の自立への、町の文化講演会において、落合恵子先生からのエールですが、この自立と自治こそ、分権社会の大きな課題だと思います。

**山梨県における地方選挙ごとの女性当選者数**

（人）

| | 県議会 | 市区議会 | 町村議会 | 計 |
|---|---|---|---|---|
| 第1回 1947（昭22）.4 | 0 | 0 | 9 | 9 |
| 第2回 1951（昭26）.4 | 0 | 2 | 12 | 14 |
| 第3回 1955（昭30）.4 | 0 | 1 | 3 | 4 |
| 第4回 1959（昭34）.4 | 0 | 1 | 1 | 2 |
| 第5回 1963（昭38）.4 | 0 | 2 | 6 | 8 |
| 第6回 1967（昭42）.4 | 0 | 1 | 2 | 3 |
| 第7回 1971（昭46）.4 | 0 | 2 | 2 | 4 |
| 第8回 1975（昭50）.4 | 0 | 1 | 1 | 2 |
| 第9回 1979（昭54）.4 | 0 | 1 | 1 | 2 |
| 第10回 1983（昭58）.4 | 0 | 1 | 4 | 5 |
| 第11回 1987（昭62）.4 | 0 | 2 | 1 | 3 |
| 県議補欠選 1988（昭63）.12 | 1 | - | - | 1 |
| 第12回 1991（平3）.4 | 2 | 3 | 5 | 10 |
| 第13回 1995（平7）.4 | 2 | 5 | 16 | 23 |
| 第14回 1999（平11）.4 | 4 | 13 | 30 | 47 |
| 平13年現在 | 4人 | 13人 | 39人 | 52人 |
| 総　数 | 42人 | 164人 | 866人 | 1030人 |
| 割　合 | 9.5% | 7.9% | 4.5% | 5% |

## 地方議会女性議員

（2000.12.31 現在）

| 区分 | 都道府県議会 | 市区議会 | 町村議会 | 計 | 割合 | 順位 |
|---|---|---|---|---|---|---|
| 北海道 | 8 | 85 | 111 | 204 | 5.2 | 23 |
| 青森 | 3 | 12 | 25 | 40 | 3.3 | 40 |
| 岩手 | 2 | 19 | 24 | 45 | 3.5 | 39 |
| 宮城 | 3 | 22 | 30 | 55 | 3.7 | 36 |
| 秋田 | 1 | 12 | 26 | 39 | 2.9 | 44 |
| 山形 | 0 | 13 | 12 | 25 | 2.7 | 46 |
| 福島 | 2 | 20 | 21 | 43 | 2.5 | 47 |
| 茨城 | 4 | 46 | 48 | 98 | 5.4 | 19 |
| 栃木 | 2 | 25 | 33 | 60 | 5.5 | 18 |
| 群馬 | 2 | 23 | 37 | 62 | 4.5 | 28 |
| 埼玉 | 9 | 194 | 95 | 298 | 13.7 | 3 |
| 千葉 | 9 | 110 | 43 | 162 | 8.5 | 9 |
| 東京 | 15 | 352 | 14 | 381 | 19.2 | 1 |
| 神奈川 | 9 | 118 | 45 | 172 | 15.8 | 2 |
| 新潟 | 2 | 36 | 55 | 93 | 4.3 | 32 |
| 富山 | 1 | 11 | 17 | 29 | 4.5 | 29 |
| 石川 | 2 | 15 | 12 | 29 | 4.0 | 35 |
| 福井 | 1 | 10 | 12 | 23 | 3.6 | 38 |
| 山梨 | 4 | 13 | 30 | 47 | 4.4 | 31 |
| 長野 | 4 | 44 | 91 | 139 | 6.7 | 13 |
| 岐阜 | 3 | 32 | 57 | 92 | 6.0 | 16 |
| 静岡 | 2 | 47 | 44 | 93 | 6.3 | 15 |
| 愛知 | 3 | 98 | 70 | 171 | 8.6 | 8 |
| 三重 | 1 | 31 | 52 | 84 | 6.8 | 12 |
| 滋賀 | 5 | 27 | 44 | 76 | 8.8 | 7 |
| 京都 | 6 | 51 | 37 | 94 | 10.1 | 5 |
| 大阪 | 7 | 138 | 28 | 173 | 13.6 | 4 |
| 兵庫 | 12 | 85 | 65 | 162 | 9.0 | 6 |
| 奈良 | 5 | 25 | 30 | 60 | 7.8 | 10 |
| 和歌山 | 1 | 11 | 28 | 40 | 4.9 | 26 |
| 鳥取 | 1 | 9 | 23 | 33 | 4.8 | 27 |
| 島根 | 1 | 15 | 35 | 51 | 5.3 | 22 |
| 岡山 | 2 | 23 | 42 | 67 | 5.4 | 20 |
| 広島 | 0 | 23 | 52 | 75 | 5.2 | 24 |
| 山口 | 4 | 31 | 25 | 60 | 5.6 | 17 |
| 徳島 | 1 | 11 | 26 | 38 | 4.5 | 30 |
| 香川 | 1 | 8 | 27 | 36 | 4.9 | 25 |
| 愛媛 | 3 | 17 | 16 | 36 | 3.0 | 43 |
| 高知 | 2 | 22 | 35 | 59 | 6.6 | 14 |
| 福岡 | 3 | 54 | 73 | 130 | 7.0 | 11 |
| 佐賀 | 1 | 12 | 24 | 37 | 4.2 | 34 |
| 長崎 | 1 | 16 | 28 | 45 | 3.3 | 41 |
| 熊本 | 1 | 13 | 28 | 42 | 2.7 | 45 |
| 大分 | 2 | 19 | 21 | 42 | 4.3 | 33 |
| 宮崎 | 2 | 9 | 19 | 30 | 3.6 | 37 |
| 鹿児島 | 2 | 17 | 38 | 57 | 3.2 | 42 |
| 沖縄 | 4 | 22 | 29 | 55 | 5.3 | 21 |
| 合計 | 159 | 2,046 | 1,777 | 3,982 | 6.4 | |
| 割合 | 5.5 | 10.5 | 4.4 | 6.4 | | |

（注） 市区議には政令指定都市及び特別区議を含む。同率でも順位が異なる個所は小数点第２位以下の数値の差による。

# 町村議会の活性化への努力

服部　光雄

［略歴］山梨県上野原町議会議員。経営労務コンサルタント。議会運営委員、厚生常任委員会委員長、決算特別委員会委員長を歴任。議会だより編集委員長。

## 1　地方議会の実状（地方議会に対する住民の認識レベル）

### （1）議会の姿が見えない

ご紹介頂きました服部です。

地方議会の実情を示す一つの例からお話をしたいと思います。実は私は今、連続大河ドラマの

「利家とまつ」で話題になっている金沢の出身です。

私が町会議員に当選してしばらくたって金沢に帰った時の話ですが、たまたま、当時石川県の県会議員と金沢市の市議会議員の選挙があって宣伝カーが町中を廻っていたんですね。

突然に姉のご主人・義兄が「光雄さん、県議会とか市議会では何をやっているの」と聞くわけです。義兄は地方の銀行の副頭取でした。従って国会議員とかいろんな方々と付き合っている方なんです。その義兄が本当に「県会議員とか市会議員は何をやっているんだ」と聞いているのですね。愕然としました。

振り返ってみれば、私も実はサラリーマン生活が長くて、その時分は同じことを思っていたのです。なにか議会の姿が見えない、あるいは地方政治がどういう貢献をしているのか全く分からない。分からないとか、おかしいとかいうのも変ですが、現実にそう思われていることは事実なのですね。そしてまた、議員の活動実績も全く分からなかった。

## (2) 地方議員に対する大都市サラリーマンの目

そこで私の体験を振り返ってお話をしたいと思うのですが、先ず私が住んでいます上野原町、コモアからお話をしなければなりません。

中央線高尾駅の甲府側四つ手前に四方津という駅があります。上野原町には四方津と上野原の二つがありますが、この四方津駅から北の山に向って全長二〇〇メートルの東洋一といわれるエスカレーターがあります。

その上に「コモアしおつ」があり、現在約一〇〇〇戸、三〇〇〇人の住民が住んでいます。もっとも、その三割は地元から移ってこられた方なので、七割が新住民ということになりますが、この全体で上野原町の一一・六%にもなります。

この七割の新住民の大部分は東京からの移住者で、この方たちの中には大学教授、助教授など大学教員だけでも二〇人から三〇人いるのです。弁護士もいれば東京地検特捜部の検事もいるのです。その他にも東京警視庁の警察官だけでも四〇人いて、上野原警察署より多いのです。東京消防庁の職員も一〇人位いるのです。そういういろいろな職業の、しかもレベルの高い方々が住んでらっしゃるわけですが、そういう方々が全く地方政治に関心を持たない。私もかつてそうでした。

## ①学歴重視の過った見方

かつての私を含めて大都市のサラリーマンはどういうふうに地方議会を見ているかということですが、まず彼らが生きているのは学歴社会ですね。一流の大学に入って一流の会社に入ろう、これを皆さん考えている。東京大学に入って官公庁へ入るのが一番で、その次が大会社。

そんな中で、これまで地方に残って議員になる人といえば、小学校を出た方がだいたい村会議員か町会議員。そして高校を出た方が町長か市長か県会議員でした。

「ああ、彼は県会議員か」、だけどいまになってみると一流の会社にいた方はいいとこ常務、多くは部長にもなれないで定年になって終わっているんです。

これに対して、ずっと地元におられた方はしっかりと地元に足を置いて町議会議員、市議会議員、県議会議員をして地元のために活躍しておられるわけです。ここに学歴中心社会の過った見方があると思うんです。

## ②国政は見えても地方政治は見えない

次にサラリーマンからみて国政はみえても市町村の行政は見えてこない。どこの市へ行こうがどこの町へ行こうが上下水道はある、消防はある、学校もある、大都市のサラリーマンは皆そう思っているのですが。実際は違います。でも彼等はそう思い込んでいるわけですから、そういう人達から見ると「何が地方政治だ、国がみんなやってくれてるんだ」と思っているわけですから、彼等は国の政治とは違った意味で市町村の政治に全く無関心なのです。

つまり、そういうことは国がやっているのだから、特に市町村に言うことはない。そのうえ大したことないやつが市議会議員や町会議員になっているのだと、こう思い込んでいるのです。ところが東京から上野原にきてみると、学校給食はない、消防は消防団がやっている、水道もろくろくない、これはどういうことだと、初めて愕然として市町村の行政の大事さが分かるわけです。



## 2　急がれる町村議会の活性化

### (1) 住民レベルの向上

一方地元の人たちはどうか。地元の人たちにしてみれば、水道はない、下水道はないというところで、どうやって町を通して金を引っ張ってくるか、作らせるか。これが自然なんですね。そういう中で代表として選んだ方に対して、いろいろ地元のためにお願いをする。「ここへ金を持ってこい」、「ここに道路をつくってくれ」。これは一面正しかったと私は思っているんです。田中角栄が何であんなに有名になったかといえば、何もないところに橋をつくるわけでしょう。それが人気を呼んだわけですよ。

しかし、今段々変ってきました。「これで果たしてそれでいいのか」ということです。その変化とは何かというと、住民のレベルが向上してきたということなのです。

### ①高学歴化

一つは学歴が高くなってきた。これまで小学校、中学校だった最終学歴が今はみんな大学です。マルチィン・トローというアメリカの社会学者がいます。彼は、高校以後の後期高等教育に進む人が全体の一五％未満であればエリートの時代、一五％以上、五〇％未満であればマスの時代。五〇％を越せばユニバーサル、高等教育が一般化した時代だ。こう言っています。日本は平成五年の段階で五〇％を越す人が大学、専門学校、短大に行くようになった。これは世界で初めて日本がユニバーサルの時代に入ったということなのです。そうすると、当然知識も交際範囲も広くなる。何を読んでも分かる。法律も分かる。こういう人たちが増えてきたんです。これが議員にも当然及んできます。現に四〇代、三〇代の議員はみな大卒です。

### ②広域化

二番目に、車社会の実現が生活の広域化を促しました。よその町のこともみんな分かるし、またすぐに行ける。そうなってしまうと衣食住だけではなく、教育も福祉も全部比較するようになって自分の町だけのことをいってはいられなくなってきました。

### ③情報化

三つ目は、情報化社会です。一人一台のテレビ。今やいながらにして何でも分かるわけですよ。全国のことが直接茶の間にいてすぐ分かる。そういう時代になっています。そのうえ、さらに情報公開が出てくる。これらのことから有権者のレベルが物凄く変ってきました。このことをはっきり認識しなければいけないと思うのです。

## (2) 変る有権者の目

### ①広域を見る目

有権者のレベルが上がってくれれば、その物をみる目が変わってきます。その第一が「広域を見る目」です。教育でも福祉でも「ここはどうだ、あそこはどうだ」ということになってくるわけですね。

その一例をあげれば、コモアに住んでいる方ですけれども、お年寄りだけは新宿に住んでいることになっているんですが、それは新宿の方が福祉がいいからなんです。新宿区では紙オムツがただでもらえる。だからお年寄りの現住所は新宿区においてある。だけど生活は一緒です。福祉のいいところに年寄りを住まわせた形にしておいて、病院・福祉のサービスはそこで受ける。しかし、生活は環境が良いコモアでする。

今、コモアの消防団の問題。大変な問題なんですよ。東京の人は消防は消防署がするものだと考えていて住民が消防団に入って自ら消防活動を担うとは全く考えていません。「どうするんだ。このままではいかないだろう」。真剣に住民に考えていただいてもらっています。

学校給食も私がさんざんいったことが契機になって漸くやってもらうようになりました。山梨県下で学校給食がなかったのは上野原だけだったのです。

## ②組織より個人から見る目

つぎに、これまで、組織からものを見ていたのが、次第に個人で見ようとしている。これまでの会社で見よう、労働組合で見よう、あるいは地域の団体で見ようという目から、一人一人が自分で物事を判断し、考えようというふうになってきました。特に会社なんかリストラが起これば当然です。あるいは地域にしてもそうです。表向きは黙って消防団に寄付してますけれども、もうやめてくれという人が決して少なくなってきています。特に若い人なんかそうです。そういうことをこれからどう考えたらいいかという問題が当然あるわけです。

### ③実績を見る目

また議員の活動についても次第に実績を見る目が増えてきた。上野原町も選挙公報を出していますがそんな中で「私の過去何年を見て下さい」というだけでは駄目です。私は先の選挙でこう書きました。「中央線の本数を増やしました。学校給食もやりました。国民健康保険税の「応能割り」が多すぎる。特に「資産割」の固定資産税対応が多すぎる。というので直させました、と書きました。そうしたらある方がいいました。「実績を書いたのはあなただけでした」と。つまり何をしたかということを住民は見たいのです。そういう意味でも選挙民の目は大きく変ってきているのです。

以上は内側から変ってきている部分です。

## （3）迫られる活性化

一方、外側から大きく変ってきているのが、否応なしに迫られている議会の活性化です。

①財政赤字

その理由の一つは、財政赤字です。国地方を合わせて、約七〇〇兆円の赤字がある。当然地方交付税は毎年減っています。一律に減ってきています。今まで中小の町村に対しては職員の数がどうしても住民対比で多くなるということなどから、このように少しずつ優遇していました。しかしそれも「これからは見れない」、ということになってきました。財政赤字は市町村にも確実に波及してきています。

そうなれば、市町村としても真剣に行政を変えなければやっていけなくなる。

②市町村合併

財政赤字に関連して、今市町村合併が言われています。有無を言わせず五万人以上にしようということになってきています。そうすると今までのように議会議員が百票や二百票で当選することができなくなってくる。

加えて、今までのやり方と違ったやり方を考えなければ当選できなくなります。例えば直接民主主義、「町議会議員なんかを頼ることはない。直接町長に掛け合う」、こういうふうにみんな言うようになってもきたわけです。

### ③市民による直接民主主義の要求

そうなってきますと、直接民主主義と議会の関係をどうするのだ、という議論になる。これはまさに「議会不要論」。議会存続の危機にきていると思います。

これらの事情から議会は改めてこれから活性化していかなければならなくなってきています。

## 3　議会活性化の条件

### （1）議員の努力

①議会のあるべき姿と、そこでの議員の役割を認識

議会の役割とそこでの議員のあるべき役割について議員一人一人が認識する必要があると思うのです。長老になれば質問なんかする必要がないといわれますけれども、そうではないと思います。

私は定例会の都度毎回質問していますが、質問によっては国や県、さらには他の市町村を調べてきて、それらを質問にまとめ全部文書にして当局に渡しています。その結果、少しずつ改善されているものもあります。例えば、消防団員には消防組織法で特別地方公務員ということで手当を出すようになっています。山梨県で一番高いのは若草町の三万円だったと思いますが、一番低かったのは大月市と上野原町の四千円でした。全国で一番高いのは小平市の一七万五千円。私は町の四千円は余りにも酷いということで手当を六千円に上げさせました。わずか二千円ですが五〇％のアップです。少くともそういうことを国レベル、県レベルを調べてチェックしていわなければいけないだろうと思っているわけです。

## ②行政を枠づける法律と、国・県・町村の持つ行政機能を認識

市町村の職員はある意味では国よりもっと大変です。私は大きな会社の本社にいましたが、本社にはいくつも部があります。その部が全部指示を出す。その指示を受ける一番下の事業所は、本社全部の部からの指示を受ける。これ大変ですよね。同じことは市町村にもいえます。上にある国の全部の省庁から県を通して指示が流れてくる。確かに地方分権一括法で対等になった、自

治権のあるものはやって構わないということになっているものの、ほとんどは国の法律で縛られているわけです。それをチェックしなければならない議員は国会議員以上に勉強しなければ本当はチェックができないわけでしょう。

「やっていますか」ときかれれば「していません」というしかないのです。だけど少しずつでも勉強しなければこれは戦えないのではないか。

ある本に曰く、「地方の職員は相当勉強して向上してきた。だけど議員はどうしようもない」。それでは困る。勉強しましょう。勉強してもすぐに忘れてしまいますが、せめてその時くらいは関係法規を読もう。さらに、地方分権一括法で、その気になれば町村でも多少のこと、もっといえば何でもできるかもしれない。

例えば、条例を作って入札の議会承認が必要な金額をもっと下げることができるわけです。そのようなことをやればできないことはない。しかし、そのことを町の職員も、もちろん議員も十分知らないわけです。

これからはもっと知って、どんどんやっていかなければならないでしょう。

## ③議会の運営ルールについて精通

議員は議会の運営ルールを知らなければ話にならないわけで、少くとも一冊や二冊の議会運営ルールの本は読んでおくべきです。ところが残念なことに地方議会は「語り継ぎ、言い継ぎの世界」つまり「慣例」の世界なのですね。慣例についても、もっともな理由から作られた「慣例」がたくさんある。慣例だから全部いけないのではなくて、その根源を先輩に聞いて、「じゃ、分かった」あるいは「ここはこう直した方がいい」ということをいっていかなければならない。

### ④議員としてあるべき議会活動の実践

議会は議会が何をしているのか、その議会活動を町民に報告していかなければならない。そのためには一つは議会をできるだけ公開していく。さらに議会活動の報告には議会の広報、通信があります。

この他に議員の個人活動としての報告があります。私は「服部光雄広報」というものを毎月一回A４で八ページの報告を出しています。これまでに八五号まで出しています。その他に特集号も出しています。特集号だけでも一〇号になります。

毎月一回の報告は八ページですから、結構大変で、まして毎月書くのは大変です。でも必ず議会のことについて報告してよろこんでもらっています。さらに「議員活動報告」というのも出しています。これは地元に旧巌村という所があります。その区域の方々のために新聞折込みとして出していますので、拡げると新聞の大きさになっています。このように三種類出しています。結構大変ですけれども、これが議員活動のベースだと思っています。

この活動を続けてきた結果が二期目のトップ当選だったと思っています。しかもここでの選挙費用は二〇万円もかかっていません。

## （4）変容を迫られる議員

これからの議員は、地盤型から政策型へ、つまり都会型になっていくと思います。私の大学の後輩が、新宿の区議会議員、八王子の市議会議員、東京都の都議会議員に何人も当選しました。いずれもほとんどお金を使わない。その代わり日頃の街頭での演説が中心なのですね。これからはそういうふうになっていくだろう。地方議会も音を立てて変りつつある。もう十年もすれば相当変るのではないかと思っております。

これからの議員として大切なのは、政策をチェックする能力と、その結果を報告できる行動と表現力、そのための努力が必要ではないかと思います。

補足発言

## 地方議会の選択責任・説明責任

住民参加の流れは変わらないでしょう。高学歴化がどんどん進み、広域化・情報化が進むことで、一人一人の人間が自分で考えて行動するようになってくる。

これはもう変えられないだろうと思っています。それを加速するのが「地方分権」です。

地方分権というと格好がいいわけですが、裏にあるのは国の財政赤字ともう一つは合併なのです。合併によって赤字を少しでも少なくして、効率的にお金を使わせようと国が考え、その善し悪しは別にして現実にそうなっているわけです。この流れも変わらないだろう。

そうなると一〇〇票や二〇〇票で当選する人はいなくなるのです。最低でも二〇〇〇票ぐらいなければ選挙では当選しなくなる。そうすると今までのやり方では、もうやっていけなくなるということを議員は自覚しておかなくてはいけないのです。

そういう中で、「議会がこういう役割を果たすのだ」ということを自ら示していかなければ、「議会はいらない」ということになっていくだろうと思うのです。

大事なことは、お金がある分にはどう使おうと「賛成だ賛成だ」と言っていればよかったわけですが、これからはお金がないわけですから「こっちしか使えないんだ」という選択をしなければばいけない。

選択の責任は当然議会にもかぶさってくるわけです。放っておいていいわけではなくて、議会も責任を負わなければいけない。「ここには払えない」、「ここにしか出せない」という説明責任を首長と同じように議会は持たなければいけないわけですから、そういう意味からいって議会や議員はどうしてもきちんと説明しなければならなくなってくるだろうというのが私の認識なのです。

そのためにも議会議員自身がしっかりしなくてはならないわけです。

カエルの例え話があります。カエルを熱い湯の中に放り込むと飛び出すそうですね。ところが水の中に入れてだんだんだんだん熱くしていくと、ずっとこれは暖かい暖かいと思っているうちに、煮殺されてしまうそうです。議会もそうなってしまってはいけないわけで、そのためには議員一人一人が真剣に自分を変えていかないと議会の改善はできない。

## 求められる「自信と自覚」

さきほど「一般質問」の問題が出ました。私はあれで全質問を提出しているのは職員よりよく知っているからだと思っているからです。例えば住居表示法の問題を提起しました。それまでコモアしおつには住居表示はなかったのです。地番だったのです。ひどいところでは一つの家に三つも四つも地番があるのです。住居表示法という法律があって、これはまとめて住戸に番号を付けてみようというものなのです。ところがこの町に話をすると、県に聞いたら県は駄目だといっているというんです。これは古い町で番地がごったになっているところを直すので、新しく作るところは関係ないのだと、こういう話だったらしいのですね。

そこで私はすぐ自治省に行きました。自治省に事情を説明するとそれは当該市町村が考えることだといいますから、「それではそうちゃんと県に言って下さい」と自治省から県へ問い合わせをさせました。その結果県は即、訂正しました。それで県の指示に従って町はすぐにやってくれました。これで住居表示が実施になったのです。

国民健康保険税では支払能力に応じて払う「応能割り」と、個人個人の負担する「応益割り」と二つあります。

「応能割り」はさらに「資産割り」と「所得割り」に、また「応益割り」は「平等割り」と「均等割り」に区分されます。「応能割り」と「応益割り」の割合は五〇対五〇というのが基本なのですが、ほとんどの市町村はとりやすいから七割が応能割りなのです。これはおかしいではないか。当時上野原の資産割は固定資産税の五〇％で、固定資産税が一・五倍とられているのと同じなのですね。

これではおかしいと、国民健康保険連合会へ行きました。そこで「もらってきた資料によったらこうだ」と言いました。ところが県は「違う」というのです。それで厚生省へ直接聞いたら「これは県からもらった資料をコンピューターに入れた資料ですから間違いありません」と言う。「それでは、厚生省が県に言って下さい」とここでも国から県に言ってもらったのです。結局県は誤りを認めました。

こういうことをやっていけば、市町村も議員の言うことに耳を傾けその内容を慌てて調べますよ。そうしていかなければ駄目だし、やれる力は皆さんあると私は思います。職員から聞いて「ああそうか」というのだったらあくまでも教師と生徒なのですね。こっちが教師になっていかなかったら駄目です。

議員はそういう自覚を持つ必要があると私は思っています。

## 地方議会はほとんどの事ができる

一昨年地方分権一括法が国会を通りました。その結果私は極端に言うと法定受託事務を除いて、市町村は何でもできる。地方自治法で規定されているものでも、ものによっては市町村がそれを超えてもっと別な方法で条例を作ることができる。その条例提案権は議会にもあるわけです、じゃ議会も条例案を出せばいいではないか。ただそれを条例にまとめて出す力が残念ながら今の議員には余りない。そういう勉強は市町村もしていないし議員もしていないということが現実なのではなかろうかと思うのです。

そういう点からいきますと、もっともっと勉強して、分からないことがあったら本庁へでもどこにでも直接聞きに行くというようにすれば、私は議会はまだまだ活躍する場は広がるだろうと思っているのです。

問題は条例を作っていくためにどうするかという議員同士の根回しが大切になります。議員全部の了解がとれるかどうか、そこのことはやはり説得力であるとか、そういう力をもたなければできない。だから一度にできない、徐々に徐々に少しずつ少しずつ力を養いながら説得力を身に付けながらやっていかなかったらこれはできないと思っているんです。私は二期ですからまだまだできませんが、少しずつ少しずつやっていくつもりです、それしかないと自分に問いかけているんです。

# 住民から見た町村議会

三森　静江

〔略歴〕山梨県勝沼町ヒューマンプラン策定委員会委員長。
山梨県下小中学校教諭を30年間勤める。勝沼町民生・児童委員、同民生児童委員会副会長。

皆さんこんにちは。

勝沼町から参加させていただきました三森静江と申します。一町民として、また「勝沼町ヒューマンプラン」策定委員会の代表として、ここに座らせていただき、お話をさせていただこうと思っております。

勝沼町でも五年かかりまして「かつぬまヒューマンプラン」が出来上がり、三月には町長に答申するという運びになりました。

そのプラン策定までの五年間を通し、「ヒューマンプラン」の委員会を運営しながらその折々に行政や議会・議員さん方が見えてきました。感じたことを今日はお話させていただこうと思っております。

## 1　政治（行政）への関心

まず最初に、行政・議会への関心や情報について考えたいと思います。「女性は政治が苦手なのよ」、「政治に疎いのよ」ということをよく聞きます。しかし、人生の中には、勉学に夢中なときであったり、子育てで大変な時期であったり、仕事に一〇〇％エネルギーを傾注する時期であったり、ちょっと暇になってくると横を向いていろいろなものを感じたいという、それぞれの時期があると思います。器用な人はそれを早い時期にいろいろ感じる人もいるでしょうけれども、何歳になったから遅いということはないと思います。感じてからいろいろ行動を起こし何かをすればいいのではないかと思っております。

ですから私のような不器用な者は一つ一つ経験しなければ分からなかったのです。だからこそ今「男女共同参画社会が必要なんだ」と思っています。もっと早くに男女共同参画の時代になっていたのなら、いろいろなエネルギーとして出せるものがあったのかもしれないなと思っております。

## （1）町の広報誌（議会広報一年四回発行、町民参加）

勝沼町には行政の情報として町の広報「ぶどうの国」、「広報かつぬま」があります。そして議会では春夏秋冬の年四号の「議会広報」を出して下さっていますが、非常に分かりやすく、興味を持って読ませていただいております。

あるとき家の近所の方で広報担当になられた方がおられまして、『広報って中学二年生が分かるように書くんだよ』と教えていただいたことがありました。三十年も前の話ですが、今でもしっかり心に残っています。

そんな思いで、今も見ていますので、非常に分かりやすい見出しでありますし、町民の参加という意味では、写真の参加であったり、声の参加であったりといろいろな参加があります。

先程、議会広報では、議員の方が順番で編集委員をやっていると伺いましたが、勝沼町の場合もそうです。

私は平成九年から県の「女性いきいきアドバイザー」をさせていただいて、それから五年かかってプランを生み出せたという話をしたんですけれども、その当時に、平成十年十月号という議会広報があります、この議会広報の中で、まだ「参画社会」の風がふき始めたばかりの頃でしたけれども、「座談会」を編集委員の人が企画して下さったのです。「男女共同参画社会の実現に向けて」というテーマでした。議会広報紙にあげて下さいました。若い女性二名と議長さんとコーディネーター役で私との四人の討論会でした。その頃はまだ本町では参画の風など微風もしていませんでしたが議会での企画はすばらしいものでした。また、その年の議会に一人の女性の議員さんが一般質問をしていただいて、今のプランのスタートがあり、今年しあがるという歴史があるわけです。

勝沼町の議会広報は、この間は全国でも入賞をもらったということですし、県ではもう何年も連続して優秀賞を頂いているということで、勝沼町での誇れるものの一つなのかなと思っております。

## （2）CATVで町議会の放映

昨年の四月にCATVがスタートいたしました。九月の町議会等の放映をして頂きましたし、この頃は、決算特別委員会、そして、今、合併問題が出されているわけですけれども町全体での合併の討論の様子。そして、私たち「ヒューマンプラン」の委員会が学習会をしたのが一二月九日でした、そのシンポジウムの様子も流して下さいました。編集をしてありませんので、議会にしろシンポジウムにしろ、討論は非常に長い時間ですので、それをズッーとみていくということでは、ある意味では問題があるわけです。ですから、「編集が欲しいな」と思ってみたり、「いや、みんなわかるのにはこれでいいのかな」と思ってみたり、いろいろ改善の余地はあるのかなあと思っていますが関心は高まっていることはたしかです。

勝沼町では四月に町長選挙があります。その町長選にも、出来たら候補者の方たちに意見発表のような形で来ていただけたらありがたい。それからＣＡＴＶをみることによって、その候補者を選ぶことができたら良いですね、というお話をこの間の編集委員会でもお話しさせて頂いたことがあります。

### （3） 議会傍聴

情報とか関心とかいう意味では、議会傍聴もあると思います。

議会傍聴を三回ばかりさせて頂きました。その議会傍聴の最初は、勝沼町の一人の女性議員の一般質問から「ヒューマンプラン」にとりかかるという歴史になったわけです。その頃は議場から傍聴席から議場をみた時に、執行部の人は全部ネクタイを締めた男性ばかりでした。でも、この頃の議会の放映からは、女性が執行部の中に三人いました。昨年四月に女性の管理職が三人誕生いたしまして、「やっぱり、女性と男性がいることは良いことだなあ」と思いながら見せていただきました。

議会傍聴してもう一ついいなあと思ったことは、議員さんもまた執行部の方達もある意味ですごくいい意味の緊張感があるだろうなということを感じさせてもらいました。

それは議員さんからも聞きましたし、ある執行部の方からも聞かせていただいて、だからもっと議会傍聴というのが身近なものになればいいのです。できるものならグループで行くとか友達と行くとか、最終的にはご近所の方と「今日、議会を見に行きませんか」なんて言って行けるようになったらどんなにいいかなというふうに思いました。

もう一つ、最初に議会を傍聴して非常にびっくりしたことは、発言する議員さんが「議長さんより発言を許可されて」という言葉を使われておりました。私はその言葉を聞いた時に「えっ」と思いました。それが「慣行」なのかも分からないけれども、なんとも、すごく「時代錯誤」ではないかと感じました。

## 2　議会・議員への要望

### 行政と議会のあり方

「議会って何のためにあるのかな」ということを考えるといろいろあるだろうけれども、大きく分けると、一つは私たちがそこに、勝沼町に住んで幸せを実感できるような施策を決めていただくこと、もう一つは税金が効率よく使われているかをキチッとチェックしてほしいという思いがあるわけです。

だから今年の四月から「かつぬまヒューマンプラン」の推進が始まるわけですが、そのチェックをきちんとしてほしいなというふうに思ってます。そのためには議員さん自身が「男女共同参画社会とは」に関心を持っていないことにはどうすることもできませんね。

## 議会でしっかり議論する

民主的な議会運営ということを考える時、私たちが見に行ったのは一般質問のある日だったのですが、ものすごくセレモニー化・儀式化しているように思いました。議場で見ている人も、あるいはそれをＣＡＴＶで見ている人も、納得しうなずけるような審議ができたらいいのになということを感じました。

でも、そういう審議ができるためにはやはり議員さんは「学ぶ議員」、「学習する議員」でなければいけないのではないでしょうか。「学ぶ議員」であってほしいなと思いました。

そのためには国や世界の動きに敏感であってほしいし、そういうものを感じながら、では我が町の未来像は、将来像はどうあるべきだろうかということをお互いに学習していってくれる議員さんであってほしいのです。

ヒューマンプランの委員会で今までに六回の学習会を進めてきました。私たちがこのプランを作るには種蒔きをして、実らしていくには議員さんたちにもぜひこういうものを知ってほしいし、そしてこういうものを地域にもお互いに広めてほしいということです。みんな個人名で通知をさせてもらったのですが、参加して下さる方はゼロではありませんでしたが一番多い時で九人ぐらい来て下さったでしょうか、でもだいたい同じ方でした。来て下さる方はいつも決まっているようでした。

そういう事がとても寂しかったり残念だったなというふうに思ったのです。それは町民が委員会をつくりプランづくりを努力していること、全町民合わせて学習会をしていること、こういう内容で今学習していること、そしてその中できっと発言されるでしょうから、それが住民の声なのです。議員さんの活動として、それを聞き拾い上げてくれたらというふうなことを思いました。学習したり勉強したりする議員さんがもっと活躍するには、行動する議員さんでなければいけないのではないかなというふうに思ったのです。

それは日常生活において議員さんと住民との対話というのはあまりないような気がします。あるのは何かの会がある時の祝辞とか、何かの時に来て頂くとかというようなことが多いので、もう少し行政とのパイプ役があるとしたならば、陳情される時だけ、来るものだけを受けるのではなくて、議員さんの足と対話で住民の心を集めてほしいなという思いがしました。

でも議員さんは職業をきちんと持っています。ですから毎日とはいいませんが、可能ならば一週間のうちに二日は議員活動の日というように決めて頂いて、地域とか町全体を歩いていただけたらどんなに嬉しいのかなというふうに思いました。

この間もCATVを夜十時頃ずっと見ていたんですが、うちの町には一六人の議員さんがいらっしゃるのですが、顔は分かるけれども名前は分からないという議員さんもいらっしゃるわけなのですね。来年はまた議員の改選になるわけですが、それでも分からない。ということはやはり普段出会う機会が少ないということでしょう。話を聞く機会がないというところがあるのではないのでしょうか。

議員さんというのは四年間の任期ですよね。そうすると町政とか議会の報告会をしてほしいなとも思います。できるものならば報告会という形でキチッとした会をしてほしいのだけれども、そんなにいろいろできないとしたら、何かの機会に例えば挨拶をお願いされたとき、そういう機会を例えば五分頂いて、議員さん自身から積極的に挨拶で「今の町はこうですよ」、「今の議会はこうですよ」ということを、議員さんは住民の声を拾うという、声から行政へという矢印もあるけれども、逆に議員さんは町の、あるいは執行部の、行政の、議会の、そういう思いを住民に理解してもらう、あるいは協力してもらうというような両方の矢印があってもいいのではないのかというふうにも思います。

だから、例えば住民が分からないことを言ったら、「そういうもんじゃないよ、こうなんだよ」といってお話をしてくれたらすごく嬉しい。そしたらもっと身近な問題として逆に話をして、こういう悩みもあるのですよというふうにもっていけるだろうし、そういう対話があまりにも少ないのではないのかなと、だから報告会はできたら積極的に作ってほしいという思いがあります。

傍聴した時、議会を見ていて「上から下へ」という感覚がすごく感じました。でもこの間、決算特別委員会をテレビで見ていた時には、委員会というのはフロアでやってますね、平らな感じがしました。だから議会も可能ならこういうフロアの中で議員さんが中心になって、話し合いをしたらどうなのかなとも思いました。

## 議会は町の、議員は地域のトータルプランナーであってほしい

町長さんはある意味では町のトータルプランナーであるだろうし、議員さんは地域のあるいはよそを見たいろいろなプランを立てる人であってほしい。その時には議員さんも町長さんもお互いに創意工夫、アイデアを出し合いながら作り上げていくという形だったらどんなにいいだろうかと思いました。

さきほど与党とか野党という話が出たのですが、議員さんというのは首長さんに対してイエスマンだけであってはならないし、ノーマンだけであってもならないと思うのです。「ここはいいけれども、ここは駄目」、「ここは駄目だけれども、ここのところはいいよ」と、お互いにやはり認め合いながらまちづくりをしていかなかったら、いいまちづくりはできないのではないのかなと今感じております。

補足発言

## 女性議員数の数値目標を

世の中には男性と女性しかいないのです。お互いに生きやすく生きていくためには、お互いに尊重し合うことだろうと思います。議会でもやはり男性と女性が必要だろうと思います。そのための今は過渡期です。

議会の中に女性の視点が欲しいのだけれどもなかなか女性議員が出てきません。だからこそポジティブアクションが必要なのだろうと思います。小学校や中学校の児童会も、会長は一人、副会長は男一名女一名というように書いてあります。そういうふうに、議員さんも半々とはいわないけれどもせめて三〇％は女性にしようとかという数値目標をキチッと入れていくことによって女性の視点も入るだろうし、男性とお互いに話し合いをしながら進めていくことができるだろうなと思います。女性も立場を持つことによって発言も仕事もきちんとできると思います。

やはり議員一人一人の力というのは弱いけれども、議員同士のネットワークの中に男性も女性議員も入って、そこで論議をしていったらどんどんレベルアップしていくだろうと思います。

## 住民も勉強を

もう一つ、今私は住民の立場から議員さんにだけ要求してきましたが、やはりそうであってはいけない、住民だってやはり勉強していかなくてはいけない。でもなかなかそういう機会がないから、それをするように仕向けてくださる議員さんがいてくださったらどんなにいいだろうと思います。そうすると議員さんのおっしゃることもすぐ分かるだろうし、議員さんたちのなさることと、役場のすることにもイエスかノーをはっきり言える。はっきり言えない人が非常に多いのではないかなと思います。だから議員も住民も勉強していかなくてはいけないのだと思いました。少なくとももっと関心を持つべきだと思います。

## 政治スタイルの改革を

今日本は明治の大合併、昭和の大合併から平成の大合併の時代を迎え、毎日の新聞をにぎわしています。このような地方分権の時代に変わりつつある時、議員だけが変わらないのはおかしいと思います。今までのような地域の代表、利益者の代表、金のかかる選挙の形であるなら、いつになっても議員も住民も関係者によってしぼられてしまいます。もう政治スタイルを変えて幅広い視野をもった議員さんの誕生をさせたいものです。

# 【会場との質疑応答】

## すでに書かれたシナリオ芝居

【会場Q1】 今日は、日頃私が疑問に思っていることに対して、大変に分かりやすく情報提供を頂き、勉強になりました。

また河西さん、相澤さん、服部さんなど非常に優秀な日頃勉強されている議員がおられることを知りまして、非常に心強く思いました。と申しますのは、私は東山梨地区の議会をいろいろ傍聴して歩いておりますが、何かシナリオがすでに書かれた芝居を見ているような非常に形式的なつまらない猿芝居を見ているような感じしか持てないのです。

これは何が原因かといいますと、今日の発言の中にもありましたが、やはり議員が勉強していないのではないか。それに一人の議員が自分の質問時間に七つも八つも質問事項を並べ、それに対して執行部からパッパッと答えが返ってくるだけ。やはり一つか二つに集中して、それをトコトンまで追及する議会であるべきではないか。7つも8つも質問してパッパッと返ってくるだけで、そのあとの行

政がその質問に対してどういうふうに対応しているか。その辺が住民には全く分からない。そういうこともどうにかしなくてはいけない。それを議員がもっと追及していくためには、もっと勉強が必要です。

なぜ議員が勉強しないのか。議員のほとんどが兼業だからです。自分の仕事があって議員は片手間、こんなような状況ではないかと思うのです。やはり議員は専業農家的に専門的にその道に進むべきじゃないか、それで生活できなければ議員の給料をもっと上げるべきだと思います。

財源がなければ議員の人数を減らしても、専門的にそういう市政なり町政を運営できる、そういう勉強してプロになるような議員が必要ではないかと僕は思います。

それともう一つ感じますのは、自分の集落や地元に関わる問題には非常に熱心だが、町全体の運営、例えばごみ処理場が自分の集落に設置されるということになると非常に熱心に動くけれども、よその集落ということになると非常にさめた目で対応される。集落からの推薦で出られるかもしれませんが、これからの議員はやはり町全体の行政をどうするかが考えられる議員でなければいけないと思います。

それと議員の仕事の中に葬式だとか結婚式だとか冠婚葬祭が多すぎるのではないかと思います。議員は自分の身内以外冠婚葬祭には一切出ない。こういう形のキチッとした条例とかを作るべきだと思います。

それとやはりこの議会の活性化のために、議員の勉強、あるいは行政の勉強も必要ですが、最も必要だと思うのは住民が自分の地域のことに関してはこうしろとやかましく関心を持つのですが、他のことに関しては全くお上のいう通り、全部お上の言う通りでいいよという、こういう認識、特に山梨では、そういうものを感じます。

やはり、住民がもっと関心を持って議会に傍聴に行くべきです。塩山市議会ではだいたい二人、山梨市議会では僕一人、県議会ではせいぜい一〇人ぐらい、それも一人の県会議員が質問する時には、その地域の人がダダッときますが、それが終わったらパッと返ってしまう。住民がもっと議会傍聴に参加していく、これが今後、地方分権の中で非常に大事ですし、それが議会の活性化になる、こういうふうに思います。

## 議会議決事件を広げよう

【会場Q2】　私は先程から話題になっている「議会議決事項」の案件に対してこのところ集中的に関心を持っておりまして、できたら、私の町の議会に議決すべき事項を求める条例案を提出していきたいと思っております。

といいますのは、皆様よくご存じの老人保健計画、介護計画、障害者福祉計画、都市計画マスタープラン、農業地域振興整備計画、以下もろもろありますが、ほとんど議会で議決することができない。今せっかく策定中である男女共同参画社会計画も議会議決事項ではないのですよ。議会とは全然違うところである意味では行政マンだけで作ってしまう。下手をするとコンサルが作ってしまうというのが現状だと思うのです。議会は全然関係ないですから触れられないわけです。

それでよく議員さんは何も言わないものだと思っているのです。それで実際やっていることは何かというと、審議会、諮問委員会に一本釣りでやられて、議員さんが入るのが実情ですね。町はそれの方がいいわけです。「面倒臭いことは分からないから」という感覚で、議員さんはほとんど馬鹿にされている。

しかし都市計画マスタープランなんてえらいことを決めているわけですね。ここはこういう家を作っては駄目、これはいいよとかを決めていることに議員さんはノータッチです。そんなことでいいのか。

ですから議会議決事項を広げることを案件として各町村でどんどん進めていったら議会は活性化すると思うのですね。議会と全然関係ないところで、町長がみんな一人でやってしまうのはおかしいではないか。私の町に議員さんは一六人いるのですが、住民の意見を聞くには非常によい立場ですね。それが場として法律に守られているわけです。ところが町長さんがみんな自分の気に入った人たちを審議会の委員に入れて決めてしまう、それが実情だと思うのです。その辺を考えてもらいたい。

この問題を考える時、ただ一町村でやっても仕方がないから、各議会がいっしょにやればいいのです。「みんなで渡れば怖くない」という手を使ってもいいと思うのです。法律には「ダメ」と書いてないわけですから、ぜひやってもらいたいと思います。

日本では四つの町がやっているという話ですが、県議会でも三重県議会がやっています。北川さんというある意味では斬新な考えを持った知事さんがいるので、そういうことが出てくると思います。そういうことをやって、自分達の実力を蓄えていくのが必要ではないか。そういうことをやれば自分達も責任は持つわけですし、そういうことの勉強をしなくてはならないわけですから、当然背負う荷物は沢山になってくると思います。そういう覚悟がある人たちがやはり議員さんに出てくるべきだと思います。

## 各議会の「標準規則」の現状はどうなっているか

【会場Q3】議会の「標準規則」というのはどうしても各町村、金太郎飴ではないですか。全部ほとんど同じように作られているというのが現状だと思うのです。

山梨県の中でもいろいろな町で議員さんによって一部分改正がなされている場合もあると思いますが、この辺についてどんなような現状か、その辺の進み具合を分かりましたらお願いしたいです。

【岡本】「標準」と言われている「会議規則」の話ですね。これは都道府県、市町村とそれぞれ私ども議長会がお示しをしているということになっております。だいたい市も九割ぐらいはその標準に沿っているといっていましたが、数が多いものですから、我々は会議規則の細かいところまで全部調査はしておりませんが、同じルールだなと思っています。

最近、市議会の方も新しい分権時代の会議規則といって、近く一つ提言を出すようです。そもそも「標準」というのは、一番最初、何かないと困るというので昭和三二年頃、取りあえず「見本」として示したものです。

先に、政務調査費が出されるということになり、これも何か示せといわれたのですが、自己決定、自己責任だからそれぞれ皆さんで作った方がいいのではないですかと言ったら、せめてタタキ台、見本ぐらい示せとこういうことになりまして、一応、政務調査費の交付に関する条例の、これは標準とはあえて入れませんでした。「参考」という感じでお示しをさせて頂きました。従って最近、さきほどの質疑の回数制限をとるとか、あるいは時間制限だけにするとかですね、そういうことはかなりやっているという動きはあります。

しかし、我々が率先して「標準」を変えますと、なんかみんな変えなくてはいけないのではないかというふうに受け取られてはどうかと思いますので、私は今皆さん方の実際の町村議会の動きを注意をもって静観をしているところです。基本的には、それぞれの議会が作る会議規則ですから、皆さん方が自主的に検討されて変えるところは変えると、残すところは残すということでやっていただければいいと思います。

この「標準」は、もともとは国会の衆参の規則から流れてきているわけです。それが県にきて県から市町村、こういう歴史的な経緯があるわけですが、町村は会派を中心にやっていないので、やはり県や国会とは全然違います。ですから本会議もセレモニーみたいなルールになっているというのは、やはり国会はまさに本会議は議論できませんね、あんなに何百人もいたら。県議会も会派ですから本会議はセレモニーのようなものです。そういう流れをくんでいるのが今の規則の基本にありますから、町村はやはり一問一答で問いに答えるというふうにやるのが私もいいと思います。そしてせいぜい時間ぐらいは一人一時間なら一時間とか枠を決めて、その中で自由に議論して頂くと、もっといえば首長さんも議員さんに対して分からないことがあれば質疑をするとか、一度ぐらいは討論をしてもいいのではないかとか。つまり現状は、議員だけが質疑をする、議員だけが討論をするという一方通行のルールですからね。これはお互いが必要があれば合理的な範囲で両者が議論をするルールに、皆さん方がやろうと思えばすぐできる話です。

従って我々も、さきほどニセコ町の話が出ましたね、ニセコの町長さんからは北海道の学会であなた達が標準の会議規則なんか示すから全国で同じような議会運営になってしまうんだと怒られました。今皆さん方の動きを見て、我々の方が今度勉強させて頂いて、いい改正があれば前向きに参考にさせて頂いて検討したいと思っておりますので、いろいろまた情報提供、ご意見をお願いしたいと思います。

## 男女共同参画社会の実現に向けての条例に、どのような形で関わっているか

【会場Q4】　今、男女共同参画社会の実現に向けて、山梨県でも条例が多分四月から施行され、市町村どこでもそれを踏まえて、条例の勉強をしております。

議会の議決権は議会が持っているという中で、条例がもし通った場合には議員さんたちの理解があったのだということになるわけです。ですから少くとも条例というのは地域社会の基盤になるものだと思いますので、できるだけ条例づくりに関しましては、多くの議員さんたちも協力していってほしいと思ってます。

河西さんと相澤さんと服部さんから、男女共同参画社会の実現に向けての条例に、どのような形で関わっているか、あるいは関わろうと思っているか、その辺をお聞きしたいと思っております。

【河西】　増穂町では平成一〇年、「男女がともにつくるますほプラン」というのを町民五〇人位が委員となって作りました。現在発効しています。その内容は、大きな柱としては、①男女平等の意識づくり、②男女共同による社会づくり、それから③働きやすい環境作り、④心と体の健康作り、⑤互いに支え合う福祉の推進、の五項目を中心にしまして「ますほプラン」を創設しました。

このプランを作って推進をしていくという状況です。必ずしも条例を作らなくてはならないという

こともありませんので、これで進めております。

【相澤】　八代町ですが、まだ条例というところまで行っておりません。プランがまだできていない状態です。アドバイザーさんが設置されて九年になるのですが、いまだにまだプランができていないということで、これからまずプランを作る状態です。私たちもヌエックなんかにいって勉強しましたが、やはり条例は議会でも審議されますので、その文言によりしばりがきくという事を伺っていますので、条例をまず先に制定すべきと私は考え、まちづくり会議等で発言したこともありますが、まずプランを作るということで町はすすめています。

【服部】　代表の方を、これはオープンで公開でやられまして、順番に参考人の形でお話をお聞きになる。それから私どもの提案をさせて頂く。逆に議会の方の申し出それについてまた調査会の前後にその内容についての詰めを、特に幹事役をやっておられた議員さんたちとやっていく、そんなような作業をして三年ほど前に、ちょうど丸四年になりますが、そういう条例を作ったという経験があります。

つまりそういう議会の中でいろいろな活動をされていたり、いろいろ関心のおありの議員さんはたくさんいらっしゃいます。そういう方とやはり同じ政策分野で関心を持っておられる市民の方はたくさんいらっしゃいます。そういう組み合わせを、議会としてどうバックアップするか、それを議会としてどう真剣に受け止めて、そしてその中からよい条例案、あるいはよい政策提案であれば議会として政策に高めていくような、そういう作業というのをおやりになる、そういうのが一つ大きなこれからの議会の課題になると思いますし、議会が力を付けていくきっかけになるのではないかというふうに考えております。

# 最後に一言

## 今、地方議会が存在価値を示すチャンス

［新川］　今日ずっと皆さんと一緒にお話をさせていただいて、実は地方議会というのは本当はいろいろなことができるんですよねというのを確認し合ったようなところがありました。

地方議会にはものすごくいろいろな制約がありますが、もう一方ではかなりやれることがありそうですよね。ところがそれを本当にやってきたかどうかということを考えてみますと、実は何もやってこなかった。先程の標準会議規則ではないですが、どこかでこれをやってみたらと言われたものをそれだけやっている、言われるがままに動いてきた。それに対して、一体議会の自立権、あるいは自己組織権というのはどうなっているのだろうか、ということをようやくみんなが議論し始めた、そういうところなのだろうというふうに思っています。

市民参加、住民参加の話もそうです。議会側の工夫次第でいろいろな意見を建設的に取り入れるチャンスを議会はたくさん持ってます。住民の方々と協力する、そのための仕組みは実は山ほどあるわけですが、そういうものがこれまで非常に形式的におざなりにしか使われてこなかったし、そのための工夫もしてこなかったということがあるのだろうと思います。

以上のように、地方議会、特に町村の議会というのは合併問題も含めて大きな分かれ道に立たされてますよということを申し上げました。逆に議会が存在価値をどう示せるのか、そういうチャンスにぜひこの今の地方議会制度の枠内でも持っている権限や能力など、そういう力を十二分に使っていければというふうに思ってますし、私自身もそういう発言を続けていきたいというふうに思っております。

## 合併問題で試される地方議会の力量

〔岡本〕　議会の活性化を考えるとき、まず制度的な問題、自分達の運営の問題。そして住民との関係、等々いろいろ切り口はいくつもあるのだろうと思いますが、やはりこれからは国がしないからできないということではなくて、自分達の方から先にこういうこともできるということを示せば、いいことであればすぐ全国に広がる、伝わると、こういう時代だと思います。

先程の議決事件の追加の話ですが、町村の議会、全国平均議員数は一六人です、ですからこの一六人の少くても過半数がオーケーといえば条例はできるわけですから、前向きの条例であれば若干の抵抗はあるかもしれませんが、私は後からいっぱい続いてくる議会が増えてくるというふうに思います。それと合併問題には議員さんも非常に大きな関心を持っており、最近私どものところに研修に来られる議会の議員さんも、議会の運営とかそういう話だけではなくて、合併問題についてということで来られる議会が非常に多くなりました。

これは取りも直さず合併をしてしまえば、その議会議員がなくなる話ですから、もちろん町もなくなる話ですから、従って私はこの合併問題は避けて通れない、つまり真っ正面から、前向きに問題に取り組む、前向きに取り組むということは合併をしろという意味ではありません。積極的に取り組むという意味です。そしてその結果を出せるのは議会しかないですね。

この合併問題は議会が決定権を持っています。つまり議員さん一人一人の意思が自分達の町や村の将来を決定付ける、たまたま今そこに現職の議員としているわけです。ですから十分に吟味をしていただいて将来、せいぜい生きている間は後悔をしないような結論を出していただきたい。もっと申し上げますと、合併問題への対応がまさに議会の力量を試されているのだろうというふうに私は思います。

従ってこの問題をどうさばくか、大変だろうと思いますがやはり自分達の町や村ですから、人任せにはできない、国や県は決して皆さん方の町や村の問題を最後まで面倒を見てくれるかどうかはかなりクエスチョンです。

そういう意味で皆さん大変だと思いますが、私どももできる範囲で最大限のサポーターになれればというふうに思っています。

また、最近女性のバックアップスクールが活動しています。女性議員を地方議会に送ろうと、これが全国的に広がりをみせております。

そういうことで女性が意志決定の場に、私たちが出ないとどうも今の世の中良くならないということを本当に自覚している方が非常に増えているということで、ぜひ会長さんではありませんが山梨県も一人も女性がいない議会をまず一つずつ潰していくと、そしてそれぞれの議会に一人一斉に出れば全部潰れるわけですから、何十年もかかる話ではないというふうに思います。

今日お見えの女性の方、是非議員に立候補をしていただくということをご陳情申し上げて終わりたいと思います。

## 「議会の活性化」が私たちの合い言葉

［河西］ いろいろ皆さんの方から具体的な話もありましたが、地方分権時代になって、政策形成能力、政策決定責任は私たち町村議会に強く今求められているのはご承知の通りです。

地方議会の活性化と開かれた議会、共に私たちにとって共通の合い言葉です。住民に対する情報公開は重要な役割をそういう点では持っております。自分達の町は自分達で作る。議会は地域住民とのさらなる固い信頼関係を構築する必要があるだろうというのが私の強い信念であります。

よろしくお願いをいたします。

## 地方議会の活性化を担うのは女性の参画

〔相澤〕　地方議会活性と住民とのかかわり、今日のこの大きなテーマを解く鍵は、私はやはり住民一人一人の考えを反映する選挙にあると思います。この最も大切な選挙の在り方、選ぶ人、選ばれる人の意識の改革こそ、キーポイントであり、その根底にあるものの変革なくしては町や議会の改革、活性はありえないと思います。

その選挙を改革し、議会を活性させる役割を担うのは、なんといっても、女性の参画であり、男女同数議席の獲得だと思います。私は女性の参画拡大のポジティブアクションとして、参政権を得た直後の昭和二十一年の選挙で三九人という大勢の女性議員を当選させた二名連記投票の導入を提案します。日本の女性の参画状況、男性との比率は、世界ランキングによると、先進国中最も低く、アジアの中でも途上国より低い実態です。

市川房江先生は、「権利の上に眠るな」の言葉を残されましたけれども、その先達の血と涙で勝ち取った貴い権利をいまだに活かしきれない日本の現状は、何が原因なのでしょうか。

インドのネール首相は、後に女性で首相になった娘インディラに、非暴力運動で投獄されたその獄中から、父が子に語る世界歴史という本の中で「勇気を持ちなさい。そうすれば必ず道は開かれる」と書き送りました。私が立候補決断の時、私の心を突き上げたものは、この言葉でした。

女性の皆さんにはしっかり学んでいただき、高い意識と勇気を持っていただきたい。男性の皆さんには、女性の自立を、広く深く、あたたかい心でどうか見守っていただきたい、とお願いしたいと思います。そして共に同じ土俵の上で、力を合わせ議会を活性させ、住民と協働し、世界に誇れる、未来へ羽ばたく住みよい地域づくりのための大切な役割を果たしていきましょう。

## 間違いなく社会は変わっている

［服部］　だいたい今まで話したことが全部なのですが、一言で言うと「やはり世の中変っている」。女性の問題を捉えてみても、そのベースは明らかに今までの地域だとか会社だとか組合だとかでないものになってきている。

ただ女性の方が全部女性に投票すれば、黙ってても男女同じだけの議員数になるわけですね。そのためにはやはりもっと大事なことがあるのではないかと思うのです。「そのようにおっしゃるなら、他人ごとじゃないか」と、怒られるかもしれませんよ。しかし例えば男女雇用機会均等法に基づいて女性をきちんと昇進・昇給させせない。これは間違いなく会社が間違っているのです。だけど選挙は皆さんが平等に一票持っているわけですから、女性が女性に投票されれば同じだけの数の議員が出るはずです。

その意味からいくと、男女関係なく議員一人一人が、あるいは議員になる人達がきちんとした政策なり方針なり、何をするかと言うことを明確にされていくことが大事なのではないか、そうしていかなければ、男女均等社会といっても、議員に関しては難しいのではないかと思います。

結論から言うと、やはり間違いなく社会は変ってきているし、合併問題も避けて通れない。そういう中でどのようにして町をしっかりしていくのか、議会をどうしていくのか考えなければいけない時期に来ている。間違いなくそれはこれからの二回か三回の選挙のうちに分かってくるだろうと、こう思います。

## 自分たちの「代表」を育てる気持ち

〔三森〕　簡単に五つだけにまとめたいと思います。第一に、議員は足で歩くことと勉強すること。そして、第二に、議会を住民の見えるところにしてほしい。広報・CATVなどいろいろ話しましたが、できるものならば住民と議員による学習会と、もう一つはノルウェーなんかがそうですが、夜の議会、あるいは土日の議会ということで、住民との距離を縮めてほしいということ。そして第三に、議会運営では自由な討論、できるものなら円卓の討論会をしてほしいということ。そして第四に、④男女の比率を数値化してほしいこと、そして最後は、議員だけでなくて住民も学習したい、この五つをまとめたいと思います。

今日のお話をお聞きして、議会の活性化のためにはまず第一に議員の方々が自覚されるということ、第二に住民が議員の方を自分達の代表として育てるというぐらいの気持ちで臨まれることが大切ではないかというふうに私は感想として持ちました。

# 閉会のあいさつ

江口清三郎（山梨学院大学法学部教授）

パネリストの各先生方、本当に長い間ありがとうございました。また会場の皆さん真剣にこの問題について参加をして頂きましてありがとうございました。

新川先生が最初に問題提起をされました「地方議会というのは誰のために、何をなすべきか」と、こういう問題が、このシンポジウムによって浮き彫りにされたかと思います。

過去十年間にどういう条例を議決したかということを調査した市があります。だいたい三つの条例が毎年議決されているのです。一つは市税条例です。住民税とか固定資産税、国民健康保険税を値上げする条例ですね、これは必ず議決をしている。もう一つは職員の給与を上げる条例ですね、これも毎年やっている。もう一つは議員の報酬を値上げする条例ですね、この三つの条例は毎年必ず議決をしているわけですが、いかんせん、この十年の生活課題に関する条例は一つもないと、こういう問題が浮き彫りにされたことがあります。

なぜこういうような地方議会になったのかをちょっと考えてみますと、今日いろいろ問題提起されましたように、どうしても男女の人口比率が五〇％ずつなのに、特に女性議員の進出の割合が非常に少ない。この辺に構造的な問題があるのではないかと、私は思っているわけです。

今日指摘されましたいろいろな問題点があるわけです。このような沢山の問題を解決するにはどうしたらよいか、いろんな方法があると思いますが、私はやはり一点突破主義でいくべきだと思います。一点を突破すれば必ず今日指摘されたような議会の活性化は実現する。その一点とは「女性の議員の数を増やすこと」です。

これはすでに神奈川県を始め都市圏における女性の議員の進出によって実証されております。女性の方は「これはおかしい」ということを直観的に見極めまして、執拗にこの問題の解決に努力をしている。そしてネットワークを結成しましてこの問題の解決に当たっている。女性の議員さんが増えたところは今日のような問題が徐々に解決をされていると、そういうことが分析できると思うのです。

ですからいろいろ地方議会の活性化のためになすべきことはありますが、一つ皆さん女性の議員を増やす、この一点突破主義で何とか今日のシンポジウムの成果を上げて頂きたいと思います。

なお今日のシンポジウムの結果はブックレットにまとめまして、三月末に刊行する予定です。参考にして頂きまして地方議会に関する議論の輪をぜひ広げて頂きたいと思います。今日はパネリストの皆さん、また参加して頂きました皆さん、本当にご苦労様でした。ありがとうございました。

注

［「補足発言」の取り扱いについて］

実際の「補足発言」はパネリスト全員の発言が終了した後に行われましたが、本書では、各パネリストの発言の後にそれぞれにまとめる形式で付記させていただきました。

共政策）の学位が授与されます。

2）地方自治体や公共関連団体・企業との連携（研究生・聴講生・委託生制度）

現職社会人に教育機会を与えるため、本研究科では、地方自治体や各種公共関連団体・機関、企業などからの委託学生も受け入れています。なお特定の専門事項について研究することを志望する者には研究生、1科目または数科目の履修を希望する者には聴講生の制度があります。

3）余裕ある研究環境

大学院研究棟には講義室、演習室、研究室、図書館が用意され、ゆったりした雰囲気のなかで研究ができるように配慮されています。

4）週2日の通学

科目選択の仕方により、週2日程度の通学と、集中講義（土・日ないし夏休み時期）の履修で必要単位の取得が可能です.

5）海外での地域研究

海外での地域研究は、国内での準備学習と海外研修を組み合わせて単位認定します。

資料請求、入試等については、次の事務局にお問い合わせ下さい。

山梨学院大学入試事務局
［所在地］〒400-8575　山梨県甲府市酒折２丁目４－５
ＴＥＬ０５５－２２４－１２３４　（入試センター事務局）
ＴＥＬ０５５－２２４－１６３０　（大学院事務局）

# 夜間・社会人中心の大学院

## 山梨学院大学・大学院社会科学研究科・公共政策専攻修士課程の紹介

### 1　目的

1）公共政策を担う人材を育成

市民の生活にとって重要性を増している公共政策について研究･教育を行い、地域の政治･行政･経済･教育などの分野に、重要な役割を果たす人材の養成やキャリア・アップを目指します。

2）社会人のキャリア･アップに重点

主として現職の公務員や地方議会議員､学校の教職員､各種公共関連団体職員などのキャリア･アップに重点を置き､併せて企業後継者の育成､政治家や税理士を目指す人材の養成を行います。

### 2　授業内容

1）実務と密着した高度の理論研究

講義は実務と密着した高度の理論研究と能力養成を目指します｡そのため､研究･教育においても論理性を中心とし、実務教育、問題解決志向を重視します。

2）社会科学を基礎に、幅広い専修を置く

教育内容の特徴として、地方自治、行政法、民法、商法、中国法、政治学、教育〈生涯学習〉行政・教育法、経営管理論など幅広い分野について専修を設け､各自の興味･関心に応じた深い研究ができるカリキュラムになっています。

3）税理士試験免除

税理士試験における税法科目免除を目的として､これに対応する修士論文の指導を行います。

### 3　研究概要

1）修業年限・学位

標準修業年限は２年間ですが､４年間まで在学することができます｡２年以上在学して所定の単位を修得し、論文審査に合格した者に修士（公

## 山梨学院大学行政研究センターの概要

国際的および全国的視野をもちつつ、地域における自治体および公共政策の研究・調査を行うとともに、公共的団体・機関の要請に応じて受託調査、研修などを行い、我が国の行政の研究と発展に資することを目的として、１９９０(平成２)年に設立された。

[所在地] 〒400-8575　山梨県甲府市酒折２丁目４－５
ＴＥＬ　０５５－２２４－１３７０
ＦＡＸ　０５５－２２４－１３８９

町村議会の活性化　— 住民との関係を中心として —

２００２年3月２８日　初版発行　　定価（本体１２００円＋税）

編　者　　山梨学院大学行政研究センター
発行人　　武内　英晴
発行所　　公人の友社
〒112-0002　東京都文京区小石川５－２６－８
ＴＥＬ０３－３８１１－５７０１
ＦＡＸ０３－３８１１－５７９５
振替　００１４０－９－３７７７３